# 借金2000万円を抱えた僕に
# ドSの宇宙さんが教えてくれた
# 逆転現実創造術

小池浩

サンマーク出版

逆だ、
逆を見ろ！
真実は
「逆」にある！

**DJ雷神** 今日は、『借金2000万円を抱えた僕にドSの宇宙さんが教えてくれた超うまくいく口ぐせ』の著者で、心理カウンセラーの小池浩さんにお越しいただきました――！

**コイケ** いやあ、雷神さんのラジオに出演させていただける日が来るなんて、本当に嬉《うれ》しいです！

**DJ雷神** 小池浩さんは、35歳でお洋服のセレクトショップを開き、いきなりオリジナルブランドで勝負しようとして失敗
悪徳コンサルに騙されて
総額2000万円をゆうに超える額を抱えて、
鼻水号泣していたところ、
超絶ガラの悪いドSの宇宙さんに出会って、
借金返済を決意、と
これだけでもものすごい急転直下人生ですね――！

**コイケ** そうなんですよ、めっちゃくちゃ面白いでしょう？

**DJ雷神** 借金返済のために借金を重ねて、ついに闇金まで……うわー

普通に考えると自己破産しかない感じですよね

**コイケ**　親を連帯保証人にしていたので、
それだけはできないと思っていて

**DJ雷神**　でも、毎月45万の返済って、無理ゲーですよね

**コイケ**　そうなんですよー
ドSの宇宙さんには
『コイケ、いいネタつくったなあ』って言われましたし、
書籍の編集者さんには、
『2000万じゃなかったら本にはなりませんでしたねー、
あと5000万円くらい借金してもよかったですね』って

**DJ雷神**　あと5000万!?

**コイケ**　あ、でもね、もうどこからも借金できなくなっちゃってたから、
それは無理でしたねー

**DJ雷神**　どこからも借金できないって?

コイケ　あ、ほら、もうね、僕、ファックス1枚で100万円借りられて、そこから事務手数料30万円引かれて70万円振り込まれるようなところからガッツリ借りちゃってましたからね。そんなブラックリストに載っちゃってる人って、もはやどこからも貸してもらえないんですよね

DJ雷神　ひえええええ。もう絶望ですね

コイケ　絶望？　いやあ、それが逆なんですよ、逆！　借金ができなくなったときに思ったんですよ。『あああああ、もう、借金できない……ってことは!?　そうか！　これ以上、借金しなくていいんだ！　やった――！』って。いやあ、あのときはほんと、感動でしたよ

DJ雷神　……おいおい、そりゃあ、オレ様が〝アレ〟を貸してやったからだろうが。自分の手柄みたいに言いやがって！

コイケ　ええ!?　な、懐かしいその声は!?　あなたまさか！

ゴガブブゴォォー！

コイケ　ギャー！　何してるんですか？

ドSの宇宙さん　何してる？　ここはオレ様の番組だ！

コイケ　え？　え？　どういうこと？　ＤＪ雷神に化けてたってこと？

ドSの宇宙さん　そうです、オレ様がＤＪ雷神です

コイケ　いや、志村さんはいいですから

ドSの宇宙さん　コイケが借金返してから、まあまあ暇だからな。
宇宙の仕組みについて語り尽くしてやろうと思ってな。番組やってんだわ。
しかし、コイケのくせにラジオのゲストなんて生意気な

コイケ　呼んだのは自分でしょうが

ドSの宇宙さん　それよりもだな、おまえ、
オレ様が逆転メガネを貸してやった日のことをすっかり忘れてやがるな

コイケ　逆転メガネ？

ドSの宇宙さん　すべての物事を逆から見られるドラえもん級の道具だ！
あれのおかげで、おまえは、借金地獄を借金天国にできたんだろうが！

# 鼻水号泣コイケの
# V字逆転ストーリー
# まさかの未公開
# シーン

それは、宇宙さんに出会って間もないころのこと。
借金まみれで苦しんでいた僕に、宇宙さんがこう言ったときのことです。

「おまえのオーダーはすべてかなっている」

「いやいや、僕がこんなこと、望むわけないじゃないですか。

オーダーなんてかなってないし、
それに僕、もうどこからも借金できないんですよ。

借金できなかったら、返済ができない！　人生終わりだぁ！」

「何言ってんだ、おまえ？　正気か？」

「正気なわけないです、どん底です」

「おまえなあ、本当にわかってないんだな。

借金でどん底っていうのは、人生が詰んだんじゃない。

借金でどん底の先にあるのは、逆転薔薇色人生だ」

「……」

「何黙ってやがる」

「そんなわけないじゃないですか。

これから僕、月に45万の返済額をどうやってつくればいいんですか」

鼻水号泣する僕を横目に、宇宙さんは、足元の泉に飛び込み、「アレ」を手にして戻ってきました。

「テッテレー！　逆転メガネー」

「え、僕一応ファッションの仕事してるんで、こういうわけのわからないダサいサングラスはちょっと」

「てめえ、しばくぞコラ。かけろ、今すぐに！」

「は、はい――。え!?　何これ」

メガネで見た世界は、僕がこれまで見ていた世界とすべてが逆になっていました。


「いいか、今不幸せなやつは全員、原因と結果が逆なんだ」

「原因と結果が逆？？？」

「おまえは、人生を不幸にしたいから、借金しただけだ」

「えええええ!?　なんですって!?」

**「現実はすべて、おまえの宇宙へのオーダーからつくられたものだ。つまり、おまえのオーダーは『僕の人生、絶対幸せにはならない』であって、借金はその結果だ」**

「ええええ!?」

「さらに、だ。今、この瞬間の覚悟と選択とオーダーで、借金を起点に、超絶幸せになることはできる。
借金したから不幸になるんじゃない。
借金したから、幸せになれるってことだ」
「ど、どうやったらそうなれるんですか？」
「まず、今どこからも借金できなくなった自分を喜べ！」
「逆……。確かに、もう借金できないってのは、
もうこれ以上、借金が増えないってことか!!
え、返したら減ってく!?
おおおお──よっしゃ──！
借金は減っていく一方だぁ──!!」
「そうだ。おいコイケ、
借金全部なくなったら、どうなると思う？」
「え？　借金が全部なくなったら??
毎月の45万円の返済がなくなる!!　嬉しい。やばい。猛烈にやばい。
ちょっと待って、ちょっと待って、お兄さん。

それってもしかして、毎月45万円余るってこと⁉」

「そうだ。そしたら、おまえ、オレ様に毎月45万のお布施ができるぞ」

「……新手のカツアゲですか？」

「とにかくだ。事件は現場で起きている！」

「なんか、聞いたことあるセリフ」

「**いいから、すべての出来事を、真逆に見てみろ！**

**そうすれば、人生は大逆転だ！**」

コイケ　いやーー、回想もしたことだし。
雷神の正体が宇宙さんだってバラしちゃって、
これからどうするんですか？
ドSの宇宙さん　そろそろはじめるぞ
コイケ　何をですか？
ドSの宇宙さん　そりゃあ、『逆こそ真なり』を伝えるラジオ番組に決まってんだろ！
そうだな、タイトルは『ドSの宇宙さんの逆転ラジオ』だ。
おい、おまえはすぐに、人生真逆に見て
アホみたいに鼻水号泣してるやつを片っ端から連れてこい！
オレ様がこのハリセンで叩き直してくれるわ！

さあ、宇宙の力を借りて大逆転。
今回もすべて実話です。

**やっぱりすげー、宇宙さん。**

Chapter 1

# 「逆オーダー」の罠を抜けろ！

## 仕事がうまくいかないとき何が起こっているのか

Chapter 2

# 「自分のシナリオ」へ戻れ!

## ついイライラしてしまうとき何が起こっているのか

Chapter 3

# 「受け取り拒否」のブラックホールから帰還せよ!

ひとり空回りするとき
何が起こっているのか

Chapter 4

# 「心の誤作動」と「過去の残像」に惑わされるな！

一歩を踏み出せないとき何が起こっているのか

Chapter 5

# 「親の箱庭」から今すぐ出よ！

## 結婚がかなわないとき何が起こっているのか

Chapter 6

# 「足るを知る」は脇に置け！行動だ！

稼げないとき何が起こっているのか？

# 登場人物紹介

## コイケ（小池浩）

長年の夢だった洋服屋を開店するも、店は閑古鳥。悪徳コンサルに騙されて借金が2000万円（うちヤミ金600万）に膨れ上がる。自己破産かホームレスかの瀬戸際で、「借金を10年で返済して幸せになる！なりました！」と宇宙へオーダーし、口ぐせを変えて9年で返済。人生を大逆転させた。今作は、宇宙のしくみを学んで実践する人たちの実話を解説しながら、地球の楽しみ方を伝授

## ドSの宇宙さん（おおいなる泉）

借金2000万円を抱え、夜逃げもできず、ホームレスにもなれず号泣していたコイケが「なんでもします！」と宣言したとき、宇宙パイプを伝って現れたモヒカン頭の浮遊物。スパルタ教育でコイケのネガティブな口ぐせと行動を矯正し、見事人生大逆転劇をプロデュース。ドSな態度でハリセンを使って導く。昭和ネタを好む

## 烏天狗《からすてんぐ》

神社で人間の本気のオーダーを受け取り神風を吹かせる、宇宙神様ネットワークのひとり

## 縁《えん》ちゃん

恋愛や仕事などのご縁を呼び込む、縁結びのおかげ様。宇宙神様ネットワークのひとり

# 今作ではゲスト相談者６名が登場！
# 人生どん詰まりから
# 逆転パラレルを経験した勇者たち

**ゲスト相談者（６名）**

## よんぺい

宇宙にオーダーしバスの運転士に転職。「ありがとう」を言い続けても悪いことが起きている

## ソラ

事実婚のパートナーと飲食店を経営しているが、充実感がなくいつもイライラしてしまっている

## ヒロサマ

コンサルタント会社で働いているが、社内の人間関係は最悪、人生のすべてがうまくいかない

## ミミ

看護師をしながらピラティスのインストラクターになるべく奔走するも、うまくいかずに迷走中

## アリサ

婚約破棄を２回、結婚相談所で何百人も会うなど努力するも婚活がうまくいかない40代

## マム

介護の仕事から一念発起し趣味のプリザーブドフラワーを使ったアートを仕事に。親の介護も発生、稼がなければと奮起

イラスト　アベナオミ
構成　ＭＡＲＵ
ブックデザイン　萩原弦一郎（２５６）
ＤＴＰ　高本和希（天龍社）
編集協力　くすのき舎
編集　橋口英恵（サンマーク出版）

Chapter

1

# 「逆オーダー」の罠を抜けろ！

仕事がうまくいかないとき
何が起こっているのか

本日のゲストはバスの運転士のよんぺいさんです！
ってあれれ？よんぺいさん大丈夫ですか!?
ウェイ！いきなり鼻水号泣か!?
コ……コイケさーん
僕、宇宙の仕組みを知ってやっと
自分がやりたいと思えるバス会社の運転士として就職できたんです！
なのに……遅刻したり接触事故を起こしたりで問題社員扱いされて……そのうち辞めさせられちゃうかも
ニヤ
逆だ！真逆だ！1260度真逆のトリプルアクセルだ！
は？ あ、3回転半？ 1260度!? どういうことですか？
ニヤ

まーだ
こんなやつが
コイケの周りに
いやがったか！
テッテレー!!
3回転半
真逆
メガネ！
何コレ……
変なの
ぐるぐる
ぐるぐる
+5
+5
ぐるぐる
ああああ
ダン
何っ!?
ええぇ！
思っている
のと逆だ！
よんぺいの見せかけ
オーダー
「転職成功で
幸せになる」
よんぺいの真の
オーダー
「自分には居場所が
ないって証明
してやる！」
逆だ逆！
「ほらやっぱり
ここにはいられない」
って言いたいがために
わざわざ遅刻や
接触事故を
起こしてるんだ！

宇宙一聞きたい宇宙さんとコイケの逆転ラジオ 1

# 宇宙から見ればいつだって真実は〝逆〟にある！

**DJ宇宙**　「ということで始まりました。『ドSの宇宙さんの逆転ラジオ』。
リスナーのみんな、この番組はDJ宇宙がお送りしています
宇宙スパルタ教育のご相談や曲のリクエスト、お待ちしてまーーーす！
というわけで、コイケ、最初っから濃いゲスト連れてきたな。
いいぞ、たまにはほめてやる」

**コイケ**　「ありがとうございます！」

**DJ宇宙**　「で、だ。このラジオはだな、
宇宙のしくみやスピリチュアルについて学んでいるのに

人生変わらないっていうやつらに
『おまえ、やってることが逆、言ってることが逆だ』
ってことをわからせるためにやるぞ」

コイケ「ああ、確かに最近、『頑張ってるのにうまくいかない』って
行き詰まっている人が多い気がします」

DJ宇宙「行き詰まっているのはいつだって、
それぞれの宇宙パイプなんだがな〜」

コイケ「宇宙パイプ！　宇宙さんが元祖ドS本で最初に教えてくれた、
地球上にいる僕らと、宇宙をつないでいる意識のパイプのことですね？
せっかく宇宙に願いを届けるパイプなのに、
普段使う言葉がネガティブなものばかりだと
パイプがだんだん詰まってしまう」

DJ宇宙「詰まっただけならいいが、
ヘドロのようになったネガティブなオーダーが宇宙に漏れ出て、
それがかなっちまうからな」

コイケ「うわあ、それは怖い！」

DJ宇宙「今まで使ってきたネガティブな口ぐせのせいで詰まった宇宙パイプを、『ありがとう』と『愛してる』の言葉でクリーニングしろってってんだが、苦戦してるやつは本当に多い。

さて、ここで1曲。今回の相談者よんぺいからのリクエストで『ワインレッドの心』」

コイケ「わ、曲に行った！　しかも、やっぱり昭和！」

DJ宇宙「そりゃおまえ、ラジオつったらこれだろうが。

で、よんぺいの相談ってなんだっけ？」

コイケ「ちょっと、曲行って忘れないでくださいよ。

よんぺいさんだけじゃないんですけど、

**ありがとう、愛してるを言っていれば人生逆転できるって思っていたら、そんな簡単にいかない**って声、いまだに結構あるんですよね」

DJ宇宙「『そんな簡単にいかない』って、それはオレ様へのオーダーか？」

コイケ「でた、またそうやって人の揚げ足とって。

とにかく、よんぺいさんのように、
詰まった宇宙パイプをクリーニングするために『ありがとう』を言い続けて、行動にも移してるのに、よくないことが起きるとき、どうしたらいいかってことなんですよ」

DJ宇宙「いいか、**『ありがとう』を言い続けても状況が好転しないというやつは、状況を好転させないために『ありがとう』を言っている**」

コイケ「ど、どういうこと!?
状況を変えたくて『ありがとう』を言っているのに、
本当は、状況を変えたくないから『ありがとう』を言ってるってこと!?」

DJ宇宙「そのとーり。真逆のことをやってやがる。
**『どんだけありがとうを言っても自分の人生は変わらない』ってのがオーダーになってるっちゅうことだ。**
よんぺいの場合は、さらに、『結局僕には居場所がないんだ』がオーダーになっている。だから現実が望むものにならない」

コイケ「そ、そういえば、僕も、

借金が増えていったときって、そうだったかも。

**『借金を返したい』って頑張ってたけど、心の中では、**
**『僕に借金なんて返せるはずがない』って思っていたから**

**DJ宇宙** 「言葉で『借金を返す』といくら宣言したところで、言葉を発するおまえ自身が『返せない』と思っていたら、実現するのは『返せない』のほうだ。

言葉の背景にある真意こそを、宇宙はオーダーと捉える。たとえそれが言葉とは〝逆〟のものであってもだ」

**コイケ** 「ひぃいいい、オーダーって怖い！」

**DJ宇宙** **「宇宙は素直になんでもかなえるからな。**
**オーダーにはすべてYESで答えてくる。**

よんぺいだってそうだ。

『やめさせられるんじゃないか』は、どうなると思う？」

**コイケ** 「そうなったらどうしようとか、そうなるんじゃないか、は、宇宙が判断できるわけじゃないからやめさせられる、がかないますよね。げげ」

**DJ宇宙**
「そう。わざわざ、自分で遅刻したり、接触事故まで起こして、やめさせられようとする。
『私はいつも問題児で居場所がない』が、本当の、心の底からのオーダーだからだ」

**コイケ**
「それにしても、なんで逆のオーダーをしちゃうんでしょうね」

**DJ宇宙**
「子どものころに信じてしまったことを、心がいまだに信じているからだ。
未知の幸せよりも既知の不幸の方が安心しちまう」

**コイケ**
「**自分はないがしろにされても仕方ない存在だ、とか、自分には居場所がない、とか、そう信じてしまったら、その状態で居続けようとするってことですね**」

**DJ宇宙**
「わざわざオーダーし続けて、『ほらやっぱりそうでしょう』と言おうとする。
だから、『あ！　これ、オーダーが逆だ！』と気づくことが重要だ。
願いがかなわないやつ、状況が好転しないやつは、今すぐ、自分が真逆のオーダーをしてないか真剣に考えろ。
よく、どん底から這い上がった人間や、
人生のV字回復をやってのけた人生を、
『逆転人生』なんていうだろう?
あれは、ある地点で勝手に物事が逆転したわけじゃない。
今までやっていたこと、見てきたものの解釈が『逆』だと気づいた人間が、
『今までと逆をやればいいのか!』と動きだした瞬間から
起き始める奇跡が『逆転』なんだ」

# 「逆風」こそ追い風だ!「いい波きてる!」で波に乗れ

**DJ宇宙**

「以前オレ様が鼻水号泣中のコイケに
教えた、時間の流れ方の真実、おぼえてるか!?」

コイケ「はい。

**『時間は過去から未来へと流れているんじゃなく、未来から過去へ、川上から川下に流れるように流れてくる』**

ですね」

DJ宇宙「そうだ。

時間が過去から未来へと流れていると思っていると、未来、すなわち川上に向かって立つおまえには、前から押し寄せる激流が、自分を押し戻すように感じるかもしれない。

しかし、実際は、未来から流れてくる水は祝福の奔流だ。未来からのヒントがドシャドシャ流れてくるんだからな。

そう考えると、逆流は順流でしかない。真逆だ」

コイケ**「逆風は超絶追い風が吹いてきている状態で、逆流は人生最高の流れがきているってことですね。つまり、うまくいかないときってのは、千載一遇のチャンス！」**

DJ宇宙「今の状況が苦しければ苦しいほど、

コイケのように借金が増えれば増えるほど『逆』から見たら、ウッキウキの人生のハイライト！　だっちゅうことだ」

コイケ 「逆風は追い風、逆流は順流か。いいですね！」

DJ宇宙 「いいだろ？

**うまくいかない時こそ『いい波きてるぜ』と言ってみろ。**

自分が見ている狭い世界を当たり前だと思うのを今すぐやめて、すべてを逆に見てみろ」

コイケ 「いつも宇宙さんが言っている**『逆こそが真なり』**ですね」

DJ宇宙 「そのとーり。つらいときこそ人生のハイライトが巡ってきているってことに、気づけ。さあ気づけ。今気づけ」

コイケ 「ちょっとマイクで頭小突くのやめてくださいよ。

ちなみに、自分が逆のことをやっている、逆をオーダーしていることに気づくためのいい口ぐせってありますか？」

DJ宇宙 「ここで使える口ぐせは**『逆に言うと』**だ。

間違っても『やっぱりダメなんだ』をつぶやくのは禁止だ。

面接に全く受からないならそれは『やっぱりダメ』なんじゃない。
すぐに『逆に言うと』と置き換えて、その先にくる言葉を熟考してみろ」

**コイケ** 「逆に言うと、別のやり方を模索しろってことかもしれないし
逆に言うと、独立しろってことかもしれないってことですね」

**DJ宇宙** 「大事なのは、それについて考え抜くことだ。
そして、**考えた結果をもとに、**
**行動すること**だ」

# 自分で決めた「地球体験ストーリー」を勝手なアドリブで「悲劇」にしてんじゃねえ

**DJ宇宙**　「もう一つ、大事なことを教えてやろう。
今どんだけ成功してウハウハなやつも、
行き詰まって鼻水号泣しているやつも、
**全員、いつかこの地球……つまり楽しい魂の遊び場から去って、**
**宇宙に戻る日がやってくる**ってことだ」

**コイケ**　「ですよね。アトラクションは入口があったら必ず出口がある。
誰一人例外なく、その出口のゲートを通る日がやってくる」

**DJ宇宙**　「まあ、もちろん
『やり残したことがあるからもう一回』
『今回の人生が面白かったから別のバージョンを体験したい』

『もっと最悪から這い上がってみたい』

なんつって戻ってくる魂もいるがな。

だが、そのときは違う人間としてのやり直しだからな」

コイケ　「時間が未来から今、過去へと流れているのなら、

僕らのこの地球での時間の源流ってのは、つまり、『死』ですもんね」

DJ宇宙　「そうだ。何度も言ってきているように、

おまえたち人間は、魂として宇宙にいた頃にすでに、

『あ！　地球で人間になってこんな人生を体験しよう』と決めて、

この地球に遊びにきている」

コイケ　「はい。もうそれはそれは、何度も聞きました」

DJ宇宙　「どんな魂も、今回の地球で何を体験したいのか、

明確な目的を持ってそれぞれ体験したいジャンルと

シナリオを設定してやってきているからな」

コイケ　「僕らは魂時代に、

『僕これ経験したーい』と、自分で選んだ映画の世界を体験しに

DJ宇宙　この地球にやってきているだけですもんね」
「そうだ。だから、本来、おまえたちは、
映画の主人公のように、ドラマティックな地球でのできごとを
超絶楽しめばいいと言い続けているんだが、
何度言っても、オーダーする度に『でも、自分には無理』と、
わざわざ、願いがかなわないように逆のオーダーをし直しやがる」

コイケ　「ああ、無理かもって、
ついつい僕らはくせになっちゃっていますよね」

DJ宇宙　「もはや、反射だ。
あれだ、脚気《かっけ》を調べるときに足がぴょんって上がるやつだ」

コイケ　「かかかかか、脚気！　久しぶりに聞いた」

DJ宇宙　「足がぴょん、だ。
あれと同じで、『あー、難しい』『ちょっと無理』って言った途端に、
予定していたストーリーが予定外のとんでもない
鼻水号泣転落暗黒ストーリーになったりするわけだ。おまえのようにな」

**コイケ** 「うはあ、耳が痛い。
予定した旅をダウングレードしたのは自分なのに」

**DJ宇宙** 「そう、自分が予定してきた予定を勝手に、変えておいて、
『こんなはずじゃなかった』なんて言いやがる。
宇宙から見たら驚きだぜ！
自分で『やっぱり予定よりダメな人生にしたい』
って何度もオーダーしてんだからな」

## 「魂のシナリオ」を思い出すには「自分が死ぬ日」を思い出せ！

**コイケ** 「ねえ、宇宙さん。どうやって、
元々の魂のシナリオを思い出せばいいんでしょうね」

**DJ宇宙** 「おまえが**地球に来る前に設定した『死ぬ日』を思い出せ！**」

コイケ 「死ぬ日を思い出す」

DJ宇宙 「いいか。**死ぬ日を思い出すってのは、**
むずかしいことじゃない。
人生最期の瞬間を想像しろ。おまえは
『ああ、楽しかったな、思い残すことはないな』と言って
死んでいくか？」

コイケ 「思い残すことか……。ああ、僕はまだ乗りたい車がいっぱいある！」

DJ宇宙 「てことは死ぬほどたくさんの車に乗る人生を
体験したくてこの地球にいるんだな、おまえは。
じゃあ、死ぬ瞬間はどこで誰とどうしてる？
妻に看取られているのか、それは自宅なのか。
病院なのか、路上なのか、河原なのか」

コイケ 「ろ、路上？　河原？　想像したくないですよ」

DJ宇宙 「おお、オレ様が以前教えた
**『起こってほしくないことを口にするな』**を

実践してるじゃねーか。大進歩だなコイケ。ほめてやる」

**コイケ**「ハリセンで撫《な》でるのやめてもらえます?」

**DJ宇宙**「とにかく、だ。

**死ぬまでに何を体験していれば『いい人生だった』と思えるのか。**

**人生の最期の場面を考えることで『地球での当初の予定』は明確になる。**

そこで浮かんできたことは、すべて『未来の記憶』の断片だ」

**コイケ**「思考したことなのに、それが、未来の記憶ってどういうこと?」

**DJ宇宙**「『死ぬまでにハワイくらい行きたいなあ』と思うやつは、事前に設定したシナリオの中でハワイに行っているやつだし、『本当はアイドルになりたかったんだ』と思うやつは、アイドルをやっている予定だったやつだ」

**コイケ**「なるほど。**思い浮かんだことは、すでにその人の宇宙には存在している**からですよね」

**DJ宇宙**「ご名答。コイケヒロシ君には番組からステッカーを送っておきます。番組は引き続きDJ宇宙がお送りします」

コイケ「あ、いちいちラジオ芸が細かい」

DJ宇宙「まあ、未来の記憶っていうのは、そういうことだ。

**空想して思い浮かぶことはすべて、**

**おまえが未来で経験しているこ**とだ。

逆に、そうでなければ思い浮かびもしないんだからな」

コイケ「でもね宇宙さん。

未来というのは自分の選択肢によって無限に広がるわけだから、

思い描いたことをすべて体験できるわけじゃありませんよね？」

DJ宇宙「そのとーり。

今のおまえが実際に体験できるのは、おまえが選んだものだけだ。

未来には、さまざまな仕事、年収のおまえがいて、

おまえの選択を待っている。さあ、どうする？」

コイケ「そ、そりゃあ、ウキウキウハウハな方を選びます！」

# 仕事につまずいたときは、給料をもらえることにまず「ありがとう」

**コイケ**

「宇宙さん、よんぺいさんと同じく、
社会で働くすべての人間たちに、
仕事がうまくいくとっておきの技を教えてください」

**DJ宇宙**

「いいだろう。
まず、今、どこかから給料をもらって仕事をしているやつ！
仕事がうまくいかないときに、
『宇宙が僕に何かを教えようとしているんだろう』
とか考えて、グルグルしてしまうのが、
スピリチュアルの常のように思われているが、
いちいちそんなこと考えるよりもやることがある」

**コイケ**

「なんですか？　瞑想《めいそう》ですか？」

DJ宇宙「違う。全然違うぞ。もっと単純なことだ。**給料がもらえていることにひたすら感謝してみろ**」

コイケ「ええ!? そんなこと?」

DJ宇宙「そんなことじゃねえよ。

ほとんどのやつができてないんだからな。

起きているトラブルに目を向けると、

そのことばかりが気になって、そのことばかりを口にして、

どんどん心配が現実になるオーダーをしちまうからな。

それよりも、今いる職場で受けている恩恵にとことん目を向けて、

『ありがとう』を唱え、『愛してるビーム』を撃ちまくれ」

コイケ「なるほど。『ありがとう』や『愛してる』を放出しまくって、

**宇宙に不安からくるネガティブなオーダーをしないために、**

**一旦、目の前の現実に感謝できることを探せ**ってことですね」

DJ宇宙「次に、今無職のやつ!

今、**住む家があることにひたすら感謝**してみろ。

愛してる
ビーーム!!

さらに、**今日食べるご飯があることにもひたすら感謝**だ。
仕事が選べる状態であることや、
働いていない時間を持てていることにひたすら感謝してみろ」

**コイケ**

「ちなみに、住む家もなくて食べ物もそろそろ底をつくっていう人は
どうやって感謝したらいいんでしょうね。
感謝する気持ちにはとてもなれない気がします。
僕も、自殺か自己破産かって追い詰められたときに、
何かに感謝しようって気持ちにはとてもなれませんでしたよ」

**DJ宇宙**

「何？　住む家もなく、食べ物もそろそろ底をつくだと？
なんだそうか。そりゃーいい。
いいネタこしらえてんなあ。
そんな時こそ『これで願いが叶ったぞ』と高らかに宣言し、
**今命があって人生に可能性があるということに**
**ひたすら感謝**してみろ。
そう、感謝するっていうことは、

愚痴ばかり言う人生を、違う角度から見てみることでもある。
そこで初めて見えてくる世界がある。やってみろ！」

コイケのおひとり様居残りテンションアゲアゲラジオ

# まずは行動！　その次に必ず起きる宇宙からの「お試し」

宇宙の仕組みをはじめて知った人は、もう、テンション爆上がりします。

おっそろしいくらいハイテンションで、そりゃあもう、エナジードリンクをジョッキで飲んだくらいの感じかもしれません。飲んだことないけど。

多くの場合は、やっぱり何かしらいいことが起きるんです。日々のいいことに目を向け始めるから、今まで見えてなかった「あったのに気づかなかったいいこと」が見えてきます。小さな奇跡って、結構いくつも起きてるって気づきます。

わかりますよ！　僕も、テンション上がって、発泡酒をがぶ飲みしましたもん。

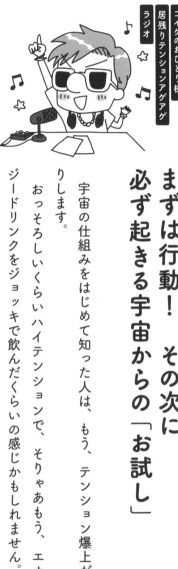

そして、ここで多くの人が勘違いしちゃうんです。「奇跡が起きた！　もう自分の人生は大逆転だ」って。でも、**行動した後に起きる奇跡はまだ、理想の人生を送るための扉をひとつ開けただけ**なんです！

ここ重要。ここからが本番です。

**タイムラグもやってきますし、宇宙からの本気度のお試しもきます。**

よんぺいさんも例外ではありませんでした。

「ありがとうを言いたい」「ありがとうを伝えたい」

その思いで念願かなってバスの運転士さんになったっていうのに、しかしながら、なぜか遅刻をしてしまう、接触事故を起こしてしまうなどのトラブルが発生。

これは、本気で自分の人生を歩み始めた人に「本当に本気でやるんだな」という確認であり、ドリームキラーのひとつなんですが、多くの人はここで「ああ、いい方向に進むと思ったのに、

やっぱり自分はダメだ」って、宇宙へのオーダーをキャンセルしてしまう……これ、本当に本当にもったいない！！！

僕は声を大にして言いたいんです！「人生を変えよう」と決めて、「ありがとう」を口にし、実際に「奇跡」が起きたら、必ずお試しが来るからね、って。

そしたら、そこで、残念に思う必要なんかないんですって。

**むしろ、逆！**

**ここ、真逆なんです！**

そして、そのお試しは、自分の中の本当の本当の本当の自分が「この地球に来た目的を果たすために、元々のシナリオに戻るために、ちょっとズレてしまった心の誤作動を解決してほしいんだよ、それはね」って、さまざまな手段で伝えてきます。

つまり、トラブルも、オーダー通りに進めるために宇宙が送ってきているヒントなんです。心の誤作動を引き起こした原因、つまり、ちょっと心理的にはきっつい過去の苦しみを思い出させるようなヒントが送られてきちゃう。

そう、奇跡が起き始めたときに起きるすんごい嫌なことは、宇宙パイプの詰まった箇所を教えてくれるGPS。

ここでスルーしちゃうと、何度も、似たようなヒントが送られてくるから、気合を入れて、ぜひとも、その、誤作動している箇所を、見つけ出してください。

誤作動が真逆に働いたら、すごいスピードで人生が走り出しますよ！

僕は3回転半真逆メガネをかけて自分の現実に戻り
うーちゃんと一緒に自分が望む人生についてとことん話し合った
本日もご乗車ありがとうございます！
僕は「ありがとう」を伝え、「ありがとう」を言われ、幸せな人生だったなと思いながら、宇宙に還りたい！
ブーン
ありがと
ブーン
いつもありがとう
よんぺいくんありがと♡
ん？最後に見えた女性……誰？
乗客ぽくない
未来の奥さんだよ！感謝されてたね！
ああ、僕は人生で、感謝されたり、ほめられたことなんてないって思ってたけど
すでにたくさんの「ありがとう」を過去からも未来からももらってる

その日から宇宙のヒントがシャワーのように降り注ぐようになった
ありがとうございます！
お客さんにも会社の人にも「ありがとう」をたくさん伝えながら、毎日真面目に働いて
ブーン
パタ パタ
神社にも行くようになった
よんぺい最近頑張ってるよー すごーく真面目で、お客さんにも好かれてていいやつだよねー
ボソボソ
あ！ よんぺいくん、ちょっといいかな？
え？ は、はい！
よんぺいくん、本当に頑張ってるね！ そろそろ昇進するのどう？
ええ!? えええ！
辞めさせられるどころか！ 昇進！
ふふふ！ いっちょあがり！
いっちょあがり！

宇宙一聞きたい宇宙さんとコイケの逆転ラジオ 2

# すべての現実は自分の心が生み出した「理想の状態」

**DJ宇宙**「テレッテ♪　テッテテレ、テッテテ♪」

**コイケ**「あれ、宇宙さん、なんでオールナイトニッポンのテーマを」

**DJ宇宙**「なんだコイケ、文句あんのか。オレ様の番組に」

**コイケ**「いや、さっきまでFMっぽかったのにAM？　と思って」

**DJ宇宙**「は？　うるさいな。どっちでもいいだろ？
でだ。よんぺいの章はいっちょ上がりだが、
『人生を変えるぞ！』と気合を入れて、宇宙の法則について勉強し、
実践してみたが、人生が変わらないとぼやいているやつが
この地球上には多すぎる」

コイケ「なぜ、『実践しているのに現実が変わらない』なんてことが起きるんでしょうね」

DJ宇宙「おいおい、わかりきったことを聞くんじゃない。それは、

**おまえのオーダーはすべてかなっている！**

からだ」

コイケ「うわあああああ、でた！　またそれ！」

DJ宇宙「おい、だから、オレ様をチンアナゴみたいに言うんじゃねえ」

コイケ「いや、チンアナゴはいいんですけど、せっかくだから改めてここで、解説してください」

DJ宇宙「なんだてめえ、オレ様のこといなしやがって。まあいい。どういうことかっちゅうとだ、例えば、だ、『ありがとうを5万回言っても、人生は変わりませんでした』というやつ。これは、『5万回言っても変わらないってことを絶対に実現させてやるぞ』

というのがオーダーになっている。

そして、実際にそれがかなっているわけだ」

**コイケ**「ああああ」

**DJ宇宙**「これをだな、『やってみましたが変わりませんけど、嘘ばっかりじゃないか』と宇宙に文句を言ってこられてもだな、宇宙からするとだいぶがっかりだぜ。『え、全部オーダー通りにかなえときましたが何か』でしかねえ」

**コイケ**「確かに」

**DJ宇宙**「よくよく考えてみろ。オーダーしたあと、てめえは、頭に浮かんだヒントを元に行動に移したのか？まさか、家でじーっとしてぼーっとして、『奇跡が起こらん』なんて文句言ってんじゃねーだろうな？」

**コイケ**「ひ、ひえええええ」

**DJ宇宙**「いや、なんでおまえが慄《おのの》くんだよ。

『行動してかなうってことを体験したーい』って、
地球に遊びに来といて行動しないだと？
どうしてそんなに投げやりなんだ？　しばくぞ。
とにかく、いい加減、他力……じゃない、宇宙力本願はやめろ」

コイケ　「はいいいいいい。す、すみません……」

DJ宇宙　「だから、なんでおまえが謝ってんだ」

コイケ　「あ、つい」

DJ宇宙　**「宇宙の力を信じるのと、**
**行動はしないで宇宙に**
**『なんか適当にオレの人生いい感じにしといて』と**
**放置するのは別物だ。**
宇宙のせいにしてんじゃねえ。
おまえらのオーダーがかなってんだよ！」

コイケ　「で、ですね、ですよね」

DJ宇宙　「人生で嫌なことが起きると、多くの人間は、自分以外に原因があると思いがちだ。
あの人が悪い、職場が悪い、学校が悪い、親が悪い、と、
責め始めたらキリがないだろうが」

## 現実に起きていることこそ、一番「自分がやりたかった」こと

DJ宇宙 「おまえら全員『こんな体験をしてきまーす』って宣言して、嬉々《きき》として地球にやってきたのは自分自身だ。
つまり、地球で起きていること、今体験していることは、おまえが楽しいと思っていようがつらいと思っていようが
**現実に起きているすべてのことは、『自分が好きでやっていること』**だということだ」

コイケ 「そうか。確かに、今考えてみると、

僕の借金2000万円も好きでやって……はいなかったと思うけど、
いいネタになっているのは確かだから、
今考えたら、好きでやっていたって言えばそうなのかも。
だけど、今すごくつらいという人は
『好きでやっている』って言われるとちょっとしんどいかもしれませんね」

**DJ宇宙**
「そうそう。『そんなわけないじゃないですか』
『こんな状況誰も望んでません』と激怒するやつがいるが、
激怒するポイントじゃねえっちゅーの。
それこそ逆だ、逆から見ろ！
**今起きている嫌なことを、**
**『なぜわざわざ自分で選んでまでやっているのか。**
**そしてなぜやめないのか』**を
これまでと逆の視点で見るチャンスだ」

**コイケ**
「なるほど。嫌だと思っていること、つらい状況を、
『なぜそれをやりたいと思うのか』

っていう視点で見れたら、確かに、世界はガラッと変わって見えるかも」


**DJ宇宙** 「転職したいのにうまくいかないなら、『転職したくない理由』がある。

人間関係でトラブってしまうなら、

『人間関係を円滑にしたくない理由』がある。

**真逆から見たとき、本当の理由が見えてくる**からな」

## 理想の人生にアドリブかまして わざわざ悲劇にしてんじゃねえ

**コイケ** 「それにしても、魂だった頃に地球での体験を楽しみにして、
旅行の計画のようにシナリオを立ててきたのに、
なんで違う人生を選んじゃうんでしょうね」

**DJ宇宙** 「そうだ。予定通り、本来の自分でこの地球を楽しめばいいのによ。
わざわざ、アドリブかますその理由のほとんどは、

## 親に対する『かまってほしかった』の感情だ」

コイケ「ええっと、かまってほしかった感情が、
ずっとその後も残っていて、
親にかまってもらうために自分の今回の地球での予定を
変更してしまうってことですか？」

DJ宇宙「そのとおりだ。
これはちょっと宇宙にとっても誤算だったかもしれんな。
今うまくいっていない現実のすべての原因は親にあると思い込んで、
復讐したいとさえ思ってしまう」

コイケ「『あのときお母さんがほめてくれていたら、
もうちょっと、仕事ができる人間に育っていたのに』
というやつですよね」

DJ宇宙「そうそう。そして、仕事上でトラブルを起こしたり、
うまくいかない状況を自ら作り出しては、
『ほら、やっぱりお母さんのせいで、僕は仕事ができない』

と母親を責め、過去の状況を責め、
延々と、『その頃のお母さんを変えよう』とし続けるわけだ」

コイケ　「なるほど。だけど、
過去のお母さんを変えることはできないから、
延々と自分をダメにし続けなくちゃならないってわけですね」

DJ宇宙　「ほれ見ろ。宇宙は、本人の望みを全部かなえてるだろうが」

コイケ　「ほんとだ。しかし、なんか過酷ですね」

DJ宇宙　「それもまた、真逆だ。
自分が好きでやってることだから、
過酷でも、かわいそうでもない。それ、好きでやってるからな」

## 現実を否定するやつに宇宙は何も与えようとしない

DJ宇宙 「改めて言おう。
人生を変えたいと思う人間が、まずやらなくてはならないことは、
詰まりに詰まった宇宙パイプをクリーニングするために
『ありがとう』をつぶやくことに変わりはない。
**しかし、まずは自分が置かれている状況や現実が、**
**すべて、思い描いた通りの現実だということを受け入れることだ**」

コイケ 「どんなにつらい状況でも、
鼻水号泣しすぎて自分の鼻水で溺れそうになっていても、
とにかく『自分で選んだこと』と認めるってことですね」

DJ宇宙 「そうだ。おまえなら、
借金2000万、『ああ、これは、自分が願ったことなんだ』と、
まず受け入れる。この受け入れる、ということについても
ドM生産ラインに乗っかっているやつは、
気をつけなくてはならないポイントがある」

コイケ 「ポイント?」

DJ宇宙

「まず、**『現実を受け入れる』ということは、**
**今のダメな自分でいるしかない、と、**
**人生を諦めるってことじゃない。**
決して、今の現実を作ったのは自分のせいだと自分を責めたり、
『だからもうダメだ』という追加のドMすぎるオーダーを
重ねたりすることではない」

コイケ

「確かに、今がうまくいっていない人が現実を受け入れようとすると、
『これを受け入れるしかないならもう人生終わりだ』ってなりそう。
僕も借金2000万円のときは『これで終わり』って思ってたもん」

DJ宇宙

「ほらな。現実を受け入れるというのは、
ただ、『そうなんだ』と認識しろというだけだ。
その状態に甘んじろってことではないし、自分を責める必要もない。
現状も願いがかなった状態であり、
これからも願いはかない続けるんだからな。
**『これまでのオーダーがかなってた。だから、これからは逆をかなえる』**

と、今後は本当のオーダーをすればいいだけだろうが」

コイケ 「そこ、大きな勘違いですね」

DJ宇宙 「宇宙はいつだって

おまえのオーダー通りにせっせと現実を生み出してくれている。

オーダーがかなっているこの現実を否定するやつに

奇跡など起こしてくれやしない」

コイケ 「現実をそのまま受け入れるっていうことは、

つまり、今の自分を肯定しろってことなんですね」

コイケのおひとり様
居残りテンションアゲアゲ
ラジオ

# 今に心底満足している人だけが、その先に進むことができる

この本を読んでくださっている方全員に、ぜひ今すぐにやってみてほしいことがあります。それは、

**「今、この瞬間に100%満足してみる」**ということです。それも、ものっすごいハイテンションで、びっくりするくらい、満足してみて欲しいんです。

不安や悩みを抱えている人にとっては、これって結構難しいように感じるかもしれません。コツは、今この瞬間、「ありがたいな」と思えることをまず〝探す〟ということです。

自分が「ありがとう」と言える場面、そして、自分が「ありがとう」と言われる場面をイメージして、全身全霊で満足します。

あっちにもこっちにも「ありがとう」を見つけると、自分が自

分の思うような人生を送ってもいい人間なんだという感覚が生まれます。

「ありがとう」を発信し、「ありがとう」を受け取ることができるようになると、幼少期から枯渇していた心に、欲しかった言葉が水のように流れてうるおされていくんですよ。

その結果、幼少期の母親を罰したい、または助けたい、と思っていた心が癒されて、やっとこさ、自分の本来のシナリオに戻ることができるんです。

だから、今に満足できる人というのは、これまでの自分の人生を「これでよかった」と思える人のことなんです。

これね、満足できてないのに満足できるはずがないって思いがちなんですけど、これもまた逆なんですよ。

「今日までの自分に満足する」

そう決めてしまうことが先なんです。

今の自分を否定しない、これまでの自分を否定しない。

そう決めて、そうするんです。
そうすれば、人はやっと、現在、現実を生きることができるようになります。すると、自然と今の自分の人生を「これでよかった」と感じられるようになるんです。

**満足するようなことが起きたから満足する、ではなくって、とにかく満足することが先なんですね。宇宙はすべて〝発信が先〟です。**

## 「ありがとう」こそが「地球アトラクション」を楽しむためのコイン

「どう考えたって、ありがとうって思える場面なんてありません」と、思うとしたら、それって、まーぼーろーしーです。
人は不足している部分に目が行きがちで、ありがたいことの多くは、当たり前になってしまっています。これを、あえて逆に見てみる。「当たり前」になっていることで、実は「ありがたい」ものを、とにかく探してみるんです。
ちょっとコイケと一緒に練習してみましょうか。

朝起きて布団の上で目が覚めた。
路上で寝なくていい！　ありがたい！
冷蔵庫に冷たい飲み物が入ってる。
電気代払えてる！　ありがたい！
電車に乗れば会社の近くまで行ける。
長時間歩いて会社に行かなくていい！　ありがたい！

ちょっと誰も見ていなかったら、アホみたいに大袈裟にありがたがってみてください。
なんなら「おおお、オレ、今日息できてる」とかでもいいんで。

そう、日常の中でできることって実は、当たり前であればあるほど、そのすべてがめちゃくちゃありがたいことだったりします。

実は、地球っていうエンターテインメント空間のアトラクションは、僕らの愛と感謝のエネルギー、つまり「ありがとう」「愛してる」で動いています。

乗り物に乗るための「コイン＝愛と感謝のエネルギー」と考えてもいいかもしれません。

すべてのものが「ありがとう」で動き出し、「ありがとう」を言わなければ止まってしまうんです。

宇宙はね、今に心から満足し、「ありがとう」を言える人のために、たくさんの楽しいアトラクションを用意してくれるんです。

しかも、僕らが望んだシナリオのままにですよ。

いいですか？　大事なことなので何度でも言います。

**今の自分に満足するっていうことは、我慢するって**

**ことではないんです！**
**今の自分に満足するっていうことは、今の自分を否定しないということですからね！**

今の自分に難くせをつけるのを今すぐやめる。そして人生の「満足」のハードルを勝手に上げるのもやめる。

そして、さっき練習したように、ありがたい日常に一つずつ「僕のためにありがとう。マジすごい！　いいんですか？　じゃ遠慮なく」とつぶやいてみる。小さな満足がたくさん積もってこそ「大満足」です。

これができるようになると、本当の意味で宇宙が応援してくれるようになります。今まで「何やってもダメだった」という人は、ぜひ今すぐ試してみてくださいね。

## 今週の逆！

「仕事でミスばかりでやめさせられそう」だと!?
逆！　逆だ！
「僕はやっぱり居場所がない」を証明しようとしてやがるんだ！

Chapter

2

# 「自分のシナリオ」へ戻れ！

## ついイライラしてしまうとき何が起こっているのか

次のゲストはソラさんです！
こんにちは～
ソラは事実婚のパートナーと飲食店を経営
パートナーさんとソラさんが前のオーナーさんから店を受け継いだんですね
ラブラブですね♡
一緒にお店を切り盛りしてるんだなんか素敵ですね
それが……なんかお店も経営もパッとしないんです
よくわからないモヤモヤをなんとかしてたくて
ありがとう
愛してる
を毎日言い続けても
何も変わらずにモヤモヤしてて
ポイ
イラッ
何かにつけてイライラするんです

グルグルグル
ホイ！
3回転半
真逆メガネだ！
かけてみろ！
え？
ブラボー
+5
+5
ビタッ
あああ
ヒラッ
何か落ちてきた！
何コレ？
ソラの
心の設定
「イライラ
する」
え？　何コレ？
イライラすること
前提の人生ってこと？
何かが起きるから
イライラ
してるんじゃない！
イラッとするために
周囲で起きてること
全部を活用してる
だけだ！
すべてが
逆なんだ！

# すぐにイライラしてしまうのは「自分を放置している」から

**ＤＪ宇宙** 「ということで今日も始まりました。
『ドＳの宇宙さんの逆転ラジオ』。リスナーのみんな、
イライラしてるやつは月に代わってお仕置きだぜ！
この番組はＤＪ宇宙がお送りしています。
宇宙スパルタ教育のご相談や曲のリクエスト、お待ちしてまーーす、っと」

**コイケ** 「毎回それやるんですか」

**ＤＪ宇宙** 「なんだ、文句あるのか。
文句って言えば、オレ様は人間にめちゃくちゃ文句あるぞ。
おまえたちは、この地球っていう遊び場にいるのに、

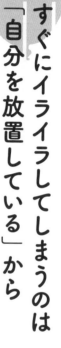

日々、イライラしすぎじゃねえか？

**コイケ** もはや箸が転んでもイライラなお年頃的って感じだ」

「箸が転んでもイライラ……

確かに、何で怒ってるのか全然わからないところで怒ってる人っていますね」

**DJ宇宙** 「イライラの自動操縦スイッチが入ってやがるな。

自分でそのスイッチをＯＦＦにしない限り、永遠に、イライラし続ける。

**いいか、いつもイライラしている原因は、**

**目の前で起きている出来事にはないんだ**」

**コイケ** 「起きている出来事にイライラしてるんじゃないなら、

何に対してイライラしてるんですか？」

**DJ宇宙** 「それは日々、自分の感情をスルーして、

自分の尊厳を守らず、自分を放置し続けていることに対してだ」

**コイケ** 「ていうことは、自分が、

自分の中の本当の本当の本当の自分の声を無視しているから、

気づかせようとしてイライラするようなことを

起こしているってこと？」

**DJ宇宙** 「そのとおり。周囲からみたら、何でイライラしているのかどこにイライラスイッチがあるのか、全くわからん。まるで異邦人だぞ。

さて、ここで一曲。ソラさんからリクエストで『異邦人』」

**コイケ** 「あ、また急に曲」

**DJ宇宙** 「でだな。怒りっちゅうのは人の感情の中でも、なかなかにエネルギーを使う代物だから、いつもイライラしているやつはいつも疲れていて、いつも疲れているから余計イライラするし、悪循環だ」

**コイケ** 「ああ、それは確かに悪循環だし、毎日つらそうだなあ」

**DJ宇宙** 「改めて言おう。

**日々湧いてくるイライラや怒りは**
**自分を無視し続けた自分に対する**
**『いい加減に自分を大事にしてくれ』という心の叫びだ。**

目の前で起きている出来事に対して湧き上がる思いこそが、
自分に対する自分の本当の本当の本当の声だからな」

コイケ
「ということは、
『あいつ、なんて失礼なんだ！』
と思うときは、自分に対して失礼なことをし続けているし、
『人にぶつかってきておいて謝りもしない』
ってイラつくときは、自分の声を無視している自分に対して腹を立てて
謝りもしないことにイライラしている……
ってことですかね」

DJ宇宙
「ご名答。コイケヒロシ君には番組からステッカーを送っておきます。
番組は引き続きDJ宇宙がお送りします」

コイケ
「それも毎回入るんだ。
それにしても、何をやっても自動イライラスイッチが入るんだから、
やる気スイッチも愛のスイッチも全然押せませんね。
イライラスイッチをＯＦＦにするにはどうしたらいいんでしょう？」

DJ宇宙
「自分と話してみるといい。
椅子や座布団を向かい合わせにおいて、片方に座り、もう片方の椅子に、
自分の中の本当の本当の本当の自分が座っているとイメージしてみろ」

コイケ
「あ、自分の中の本当の本当の本当の本当の自分との会話のワークですね」

DJ宇宙
「そうだ。目の前の椅子に座っている、
自分の中の本当の本当の本当の本当の自分に向かってこう言うんだ。

**『今まで話を聞いてあげなくてごめんね。**
**これから話を聞くから、**
**あのときどうして欲しかったのか教えてくれる？』**

そして、もう一つの椅子に座って、
自分の人生で起きた、『あのときの私はこうして欲しかった』を
一つずつ言葉にしてみろ」

コイケ
「自分の中に未解決のまま膝を抱えて泣いている

DJ宇宙
『心残りちゃん』を探す感じですね」

コイケ
「おお、いいネーミングだな。
泣いているくらいならいいが、
そいつ……『心残りちゃん』は、
長いこと放置されて、
めっちゃくちゃやさぐれているからな。
心してかかれよ」

「やさぐれてるのか……。
そういえば僕も、借金2000万円から復活しようと思ったときに、
自分の中の本当の本当の本当の自分に向かって、
『ありがとう』と『愛してる』をひたすら伝え続けたけど、
『そんなの信じない』ってなかなか信

じてくれなくて
本当の本当の本当の自分がわかってくれるまで向き合ったなあ」

DJ宇宙 「長いこと放置しているから、もう諦めかかってるからな。
だが、おまえの中の本当の本当の本当のおまえは、
ずっとおまえのことを待っていただろう?」

コイケ 「はい。自分の中の本当の本当の自分と和解できたときの
あの安心感と地に足のついた感じ、今思い出しても感動だなぁ。
あのとき、自分を放置せずに向き合ってよかった」

DJ宇宙 「そう、自分の中の本当の本当の本当の自分とつながれたら、
人間は安堵するんだ。
**自分の中の本当の本当の本当の自分は、本来おまえがこの地球で体験したいことをすべて知ってる**存在だからな。
おまえの今回の人生の理想のシナリオを生み出した
おまえの宇宙の全知全能の存在だ」

コイケ 「うわあ、なんか壮大。

僕らは宇宙とつながっていて、
僕ら自身がそれぞれ自分の宇宙の神なんですね」

**DJ宇宙**「なんだおまえ、ちょっと真面目なことを言って、いいとこ見せようだなんて思ってねえだろうな」

**コイケ**「ええ？　いいとこ？　思ってませんよ。
そりゃ、面白いことはいつだって言いたいけど」

**DJ宇宙**「よし、じゃあ、あと5億ぐらい借金してみんなを笑わせろ」

**コイケ**「いや、勝手に人の借金増やさないでくれます？」

**DJ宇宙**「ふん。とにかくだ。
過去のすべての場面において未解決のまま残っている『あのときこうして欲しかった』という思いは、今のおまえにしか解消できない。
それを解消しない限りそのイライラは収まらない。
収まらないってことは、イライラする場面にはこれからも遭遇し続ける。
なのに自分が聞いてやらなくて誰が聞いてやるんだ。

一通り聞いたら、軽やかにこう言ってやれ。
『欲しいもの全部これから私が与えてあげる！』ってな」

## 「親との関係」を「不幸せの理由」にするな

**コイケ** 「『あのときこうして欲しかった』ってことは
やっぱり、親に対することが多く関係してるんでしょうか？」

**DJ宇宙** 「まあ、大人の人間が抱えている
『あのときこうして欲しかった』の根源は、
ほとんど幼少期に親に対して感じたことと言っても過言ではないな」

**コイケ** 「『親子関係の話とか、ちょっとしんどいです』とかいう人もいますね」

**DJ宇宙** 「わーっはははは。
**だがこれは、親が関わっているようで、**

## 実は親はまったく関係のない話だ

コイケ 「え、親への未解決の思いが今の自分を苦しめているのに、親は関係がない⁉　一体どういうことなんですか？」

DJ宇宙 「親への未解決の思いがある、ない、というのはおまえの心の中の話であって、実際に親との関係が今どうか、なんて、まったく関係ない話だからだ。
大人になった今は自分の力で、自分の宇宙を自在に創っていけるにもかかわらず、『幼少期のことを解決できていないせいで、地球での今回の人生を堪能できない』という、壮大な言い訳をしているわけだ」

コイケ 「壮大な言い訳ですか」

DJ宇宙 「子どもってのはだな、親の保護下にあるとき、親から面倒を見てもらっていながら、同時に自分が親の面倒を見ているつもりになっている」

コイケ「親が幸せでいてくれないと、自分も幸せになれないからですよね」

DJ宇宙「正確に言うと、**親の感情の面倒を見ようとし、親の幸福感に責任を持とうとする**ってことだ。

母親がたまたま虫を発見して嫌な顔をしただけなのに、

『ああ！　お母さんが今僕の方を見て嫌な顔をした』となる。

すべてが自分のせいで、自分が起こしていると思ってしまい、

それをなんとかするのも、自分しかいないと思い込む」

コイケ「ああー」

DJ宇宙「超絶自意識過剰だぜ！

親と自分とは別個の人間だ！　それぞれの宇宙で生きている。

なのに、親の苦しみを生み出しているのも自分、

救い出せるのも自分、っていう無敵のヒーローづらをしやがるんだ」

コイケ「その結果、自分の宇宙を投げ出して、

親とはいえ、人様の宇宙をなんとかしようとしてしまうわけですね」

DJ宇宙「そうだ。

地球に来た目的とか本来の自分が決めたシナリオを全部墨で塗りつぶして、

**『親の感情の面倒を見続けたんだけど、親には親の宇宙と、自分で決めてきたシナリオがあるからどうやっても私に変えるのは無理だった』**

というタイトルの映画に書き直しちまうんだ」

コイケ　「それは……まさに悲劇の物語ですね」

DJ宇宙　「するとどうなると思う？

宇宙はおまえのオーダー通りに現実を生み出すわけだから、すべてかなっちまう」

コイケ　「でも、大人になってからの僕らの目の前には、親が常にいるわけじゃないですよね。

なんでエア親助けみたいなことが起きちゃうんでしょうね」

DJ宇宙　「『あのときああして欲しかった』っていう思いを解消しない限り幸せになれないと、

『子どものままの心』が信じてしまっているからな。

大人になったら大人になったで、身近な人間に親のお面を被せて、『あのときああして欲しかった』を解消しようとする」

**コイケ**「似たような状況をわざわざつくってそのときの思いを解消しようとするわけですね」

**DJ宇宙**「しかし、これは絶対に失敗する」

**コイケ**「絶対に？　どうして？」

**DJ宇宙**「まず、どれだけ似たようなやつを見つけても、どれだけ似た環境をつくって『今度こそ』と思っても、お面を被せたそいつは親本人ではない」

**コイケ**「え、ええ、そうですね」

**DJ宇宙**「だから、親にして欲しかったことを代わりにしてもらえたところで、何も、解消なんかしない」

**コイケ**「そりゃそうだ」

**DJ宇宙**「そして、書き換えたシナリオは何だった？」

コイケ 「あ、ああ！　『私に変えるのは無理だった』ですね。
そうか……書き換えたシナリオ通りに、無理だったを繰り返す。
それって、救いようがないじゃないですか！」

DJ宇宙 「そうだ。だから、目の前の相手の一挙手一投足にイライラするんだ。
さらに、自分の人生を放り出して、
勝手に書き換えたシナリオを演じている自分にもイライラするんだ」

コイケ 「うはあ、衝撃」

DJ宇宙 「そりゃそうだろう、
確固たる目的を持って地球にやってきたっちゅうのに、
アドリブで勝手にシナリオを変え、
いつまで経っても自分のシナリオには戻ってこない。
そりゃあ、おまえの中の本当の本当の本当のおまえは、
『おいいいい』ってなるよな」

コイケ 「なりますね。確かになります。
幼少期に自分で勝手に決めた、

『親の感情の面倒を見る』っていうルールは、
ある意味、子どもが決めたことだからしょうがないとして、
一体いつまでそれを、
自分の人生のルールとして適用し続けるのかって話ですよね」

**DJ宇宙**

「考えてみろ。
親もまた、この地球で自分が設定したアトラクションを
楽しみにきた魂だぜ？
それをわざわざ邪魔しにいってどうするよ？
そして、おまえらもまた、この地球で決めてきた目的がある。
それを邪魔させてどうするよ？
自分の胸に手を当てて、軽やかにこう言ってみろ。
**『親は親の地球での人生を楽しみ、**
**私は私の地球での人生を楽しんでいる。**
**だから、親の面倒を見なくていい』**
ってな」

コイケのおひとり様
居残りテンションアゲアゲ
ラジオ

# 親を「かわいそう」と感じるときに心の中で起こっていること

さて！　わかってます。わかってますよ――――！

親の話が出てくると、途端に盛り下がる人や、怒りが湧いてくる人がいるってことは、よ――くわかっています。

でも、ここもね、「逆ナンデス」！　**親は、大人になった僕らの人生には関係ないってこと！**

親の言うとおりにしなくてはならないこともなければ、親のせいでできないこともありません。もし、親の言うとおりにしながら苦しんでいるとしたら、それは、自分がそう選択しただけって話です。

ライオンキングばりに「関係ないさ――」ってちょっと叫んでみてください。え？　知らない？　じゃあ、小島よしおばりに

「そんなの関係ねえ」でもいいですよ。え？　かっこよくない？　じゃあ、柴田恭兵ばりに「関係ないね」でもいいです。もうなんでもいいから、とにかく関係ない感じでお願いします。

もちろんね、僕らが地球にやってくるときは、魂の乗り物である体を必要とし、その乗り物を生み出すために、父と母という存在を必要とします。

だから、今回の地球での人生の中で、父と母は特別な存在です。だって、命をくれたんですからね。今回の人生さんにとってはかけがえのない存在であることは、間違いありません。ただ！　忘れてはいけない大切なことがあります。それはね、僕らは、それぞれが、目的を持ってこの地球にやってきているってこと。そう、有限の命を持って、それぞれが、です。

親であっても、子であっても、別々の魂です。それぞれの宇宙があって、この地球での経験を堪能しているんです。

そうであるなら、親の人生は、「子どもが助けるものではない」ということ。

子どもから見ると一見大変そうに見えたり、苦しそうに見えたりしたとしても、それは、親の魂が心から望んだ今回の人生での貴重な経験なんです。

これって、すごくないですか？　だってだって、

**この地球上に、誰一人、かわいそうな人なんていないってことです。この地球上に、願いがかなっていない人は一人もいないってことなんです。**

その上で、僕らにできることは一つだけ。

自分の地球での今回の人生を、自分の中の本当の本当の本当の自分と手を取り合って、存分に、超絶、とことん楽しみ切ること。

親との問題を解決しようって奔走する必要なんてありません。

あれ
お父さんが見える
お父さんは、自分の生まれた家から追い出されて人生を送った人だった
私はそんなお父さんを勝手に可哀想だって思っていたのかも
でも、お父さんの人生はお父さんの人生
私は私の宇宙で今回の人生を大切に生きる！
ぐっ

しばらくして
ねえソラ、公団住宅に申し込む話なんだけど
2人で入居するなら結婚してないとダメみたいだよ
へーそっか。じゃあ他を探さなくちゃだね!
だからさ!
俺たち、ちゃんと結婚しない?
え!
えええ!
ふふふ♡うまくいったわ♡
指輪も用意してあるんだ
本当に!?
結婚後はコロナでお店は大変だったけど夫と、常連のお客さんと、一緒にみんなで乗り越えられた
今はここが私の大切な居場所で、夫は大切な家族
ランチ
いっちょあがり!
いっちょあがり!

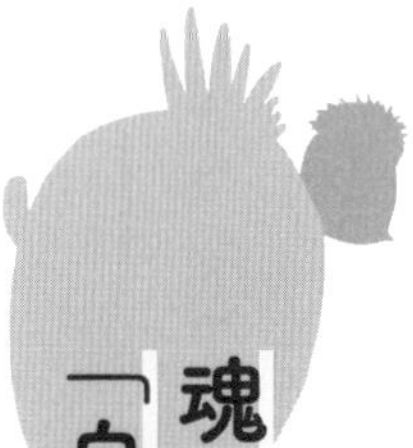

# 魂が地球で一番やってみたかったのは「自分で選び取ること」

**DJ宇宙**　「さーて、来週の宇宙さんは～
『コイケ借金に溺れる』『うんこ踏んだコイケ』『コイケのくせに』
の3本です。お楽しみに～クワクク」

**コイケ**　「それ、言いたいだけでしょう？
サザエさんは、もはやラジオじゃないじゃないですか」

**DJ宇宙**　「いいじゃねーか。
ソラは自分の人生のシナリオを取り戻したんだろう？
いいか！　**人間は、自分で選び取った人生を生きているときが**
**一番輝いている。**

なぜか。
それこそが地球でやってみたかったことだからだ」

コイケ　「本来の目的、本来の自分に戻ると、
人生が輝くってことですね」

DJ宇宙　「まあ、おまえの場合は借金が輝いてたがな」

コイケ　「もうだいぶ前の話なんで」

DJ宇宙　「人間っていうのは、自分が設定したシナリオを生きているときは、
苦難に立ち向かっていても、
どこか、『あ、この先に掴《つか》み取るものがある』ってことがわかっている。
だから、なーんか、ワクワクしている。
そりゃあそうだ。生まれる前に決めてきているんだからな」

コイケ　「ああ、確かにそうですね。
僕も、借金に溺れているだけのときは死にそうでしたけど、
借金を返して幸せになる！　って決めたあとは、
どんだけ借金の取り立てがきても、へっちゃらになってました」

DJ宇宙

「そうだろう。逆にだ。

**やたら不安になったり、大丈夫じゃない感覚があるときってのは、**

**自分の宇宙から抜け出して、**

**親のシナリオの脇役に徹している状態だ。**

自分の宇宙、自分のシナリオから逸脱してるんだから、

そりゃあ不安だろうし、大丈夫でもない感じがするだろうよ。

現実を見れば、すぐわかる。

オーダーして現実が変わらないなら、親の宇宙にお邪魔してるって考えろ」

コイケ

「そっかあ。

宇宙のしくみについて学んでも、

いくら自分は自分の宇宙の主役だと言い張っても、

親の宇宙にお邪魔している限りは、そこでは絶対に脇役ってことですよね」

DJ宇宙

「そう、そこで、いくら親を助けようとしたって、

親が自分で決めたシナリオを楽しんでいて、

『助けられたくない』と思っているんだから、

絶対に助けることなどできん。
お前の視界の中で、親が
『ちっとも幸せじゃない』と言っていたとしても、
魂レベルでは『ヒャッホーーーー！』って大喜びで両手を上げて
スプラッシュ・マウンテンに乗車中なんだからな。
おまえがそこから引きずり出そうとしたって、絶対に降りんぞ」

コイケ
「そうか。脇役のヒーローだけが必死になっているのか。痛いな」

DJ宇宙
「だいぶ痛いぞ。たとえば、『おしん』のドラマの中で、
主役のおしんが日々苦労しながら人生大逆転に挑戦しているのに
突然ウルトラマンが登場して
『おしん！　バルタン星人はどこだ！　俺が助けてやる』
なんつって出てきたら興醒《きょうざ》めだろうが」

コイケ
「興醒めです」

DJ宇宙
**「親との問題は、親の問題じゃない。**
**ヒーロー気取りから抜けられない子どものほうの問題だ。**

親のことを好きすぎて、親のヒーローになりたくて、
勝手に親のシナリオで脇役演じてんじゃねえ！
いい加減、自分の宇宙のシナリオに戻ってこい！
眉間にシワを寄せて
『どうして助けさせてくれないの？』って怒ってるヒーローなんて、ただただ滑稽だ」

## 潜在意識の力を発揮するには顕在意識の「指令」が不可欠

**コイケ**「自分の宇宙を楽しむって決めたら、
その次にやることってなんでしょうね」

**DJ宇宙**「まず、**宇宙への質問の仕方を徹底的に磨け。**
宇宙に投げかけたオーダーや質問は何だって的確に返ってくる。
しかし、不明確な質問は、不明確さが増幅されていくだけだ。
『私の人生、なんかうまくいくには、どうしたらいいですかー』
なんて質問はタブー中のタブーだ」

**コイケ**「それ！　喫茶店で『なんかください』って言うのと同じですね」

**DJ宇宙**「宇宙はおまえの質問に答えられる人間やシチュエーションを
きちんと用意してくれている。そこで大事なのが、質問力だ。

質問力っていうのは説明力でもあるし、オーダー力でもある」

**コイケ** 「ああ、喫茶店で、自分が飲みたいドリンクの名前がわからないなら、
『喉が渇いてはいるけれど、ミルキーなものではなくて、
スッキリとしていて、甘くないものがいいんですけど、何かありますか？』
みたいに聞けばいいってことですもんね」

**DJ宇宙** 「そうそう。
『ア●ムとレ●クで50万借りてしまったけれど、
あと600万用意しないと借金取りに仙台港に沈められちゃいそうだから、
今すぐ借りられるところってありますか？
あ、でも、金利がトイチだとさすがにつらいので、
住宅ローンぐらいの金利で借りられるとありがたいんですけど』
てな具合だな」

**コイケ** 「いや、それはない。絶対ない」

**DJ宇宙** 「おまえ、相槌《あいづち》がいちいち批判的だぞ。
オレ様は元祖ドS本の中でこう教えた。

## 潜在意識の力は顕在意識の力の6万倍だとな。

潜在意識は、宇宙パイプを通じて、
おまえらの地球での魂の乗り物である体と宇宙空間につながっていて、
本来おまえらが宇宙空間にいたときに持っていた無限の可能性と
能力を地球上に呼び出して、
地球での人生を楽しむために活用することができる」

コイケ　「はい、そうでしたね。
でも最近、宇宙パイプのクリーニングに苦戦する人が
意外と多いなーって感じます」

DJ宇宙　「それはだな、潜在意識の力を最大限に活用するには、
潜在意識と顕在意識の境目に存在する『心』に
イエスと言ってもらわなくてはならないんだが、
それができてないからだな」

コイケ　「潜在意識と顕在意識の境目にあるのが心なの？」

DJ宇宙
「心は顕在意識と潜在意識の扉のような存在だ。
その先にある潜在意識の中には、
宇宙から持ち込まれているおまえらの可能性のすべてが
記録されているんだが、これを使うには、心の許可が必要ってことだ」

コイケ
「心が『怖いから嫌だ』って言えば、扉が開かず使えないし、
心が『いいよ、大丈夫』って言えば、扉が開いて使えるって感じ？」

DJ宇宙
「まあそんな感じだな。
心が『いいよ』っていうには、
まず明確なオーダーと明確な質問が不可欠だ。
心はいつだって臆病だから、納得しないとその扉を開いてはくれない。
そして、顕在意識の力で明確に指示しないことには、
宇宙は潜在意識の力をどう発動させればいいのかさっぱりわからん」

コイケ
「確かに、近年のスピリチュアルブームで多くの人が
潜在意識の力にばかり目を向けて、
顕在意識なんてどうでもいいように錯覚してしまっているように感じます」

DJ宇宙
「『潜在意識に任せれば、なーんかうまくいくんでしょ』
んなわけあるかい！
そんなフワフワな宇宙へのオーダーが今地球上に蔓延《まんえん》し、
宇宙は非常に迷惑している。
何をかなえてやったらいいのか、さっぱりわからんからな」

コイケ
「そこで潜在意識の力を使うには
顕在意識でしっかり決めて、心の扉を開けて一歩踏み出すこと。
そのために、明確にオーダーし、自分の心と会話するってことですね！」

DJ宇宙
「ロールプレイングゲームに例えるならば、
最終的なゴールがドラゴンを倒してお姫様と結婚だったとして、
その前にはいくつものイベントがあるだろう？
それらは全部小さな目標であり、小さなオーダーだ。
そこへ辿《たど》り着く方法は、まさにロールプレイングゲームの勇者のように、
出会った人やキーマンの話を聞いたり、質問したりすればいい。
目標が明確になっているなら、この質問は簡単になる」

コイケ「確かに行きたい場所が明確なら、『なんか、いい感じの場所に辿り着くにはどういったらいい？』なんて聞きませんもんね」

DJ宇宙「そのとおりだ。

すでにゴール設定が決まっている

ロールプレイングゲームをプレイしてるんだから話は簡単だ。

『ドS王国に辿り着くにはどうしたらいい？

歩いたら何日くらいかかる？

装備はどのくらい必要？

敵はどのくらい強いの？

地図を見てみたら山を越えなくちゃいけないのだけど、

実は誰も知らない近道やトンネルってあったりする？』

てな具合だ」

コイケ「ゴールが明確なだけ、質問も明確になるし、

伝え方も明確になりますね」

DJ宇宙

「ヒントを出す人間も、質問に答える人間も、『ドS王国に辿り着くための大冒険』の登場人物なのだから、必ず、的確な答えをくれるし、ヒントを出してくれる。

どうだ、質問の力ってすげえだろ？

そのことを絶対に忘れんなよ！」

# しつこいくらい「自分に」質問してみよう

僕たちは日々、頭の中でたっっっっっっくさんのことを考えています。

脳科学者の人の中には、1日に3万回以上、自分に質問してるって言う人もいるみたいです。その質問の数だけ、選択して生きてるってこと。だから、質問はめちゃくちゃ大事ですね。

考えてみると、人生なんて、まさに質問の連続ですね。

せっかくなら、『ちょっと聞いてョ！　おもいッきり生電話』のみのもんたと相談者になりきって、自問自答してみたらどうでしょう。

「さあ、今日の電話はなんでしょうか？　え？　そんなことがあった？　うんうん。それでそれで？　奥さんどうなの？　ええ!?

じゃあ、それでどうするの？　うんうん。それで？　それで？」

……ほら、なんかちょっと、楽しくなりません？

ちょっと大袈裟に相槌を打ったり、驚いてみたりしながら、自分で自分に質問して、回答していくと、客観的な視点で見ることだってできます。

この自問自答って実はすごくって、顕在意識（思考）で潜在意識（心や魂）をコントロールできるようになるんです。

**「ねえ、どうする？」って、心の中で自分に語りかけるとき、すでに、自分の中の本当の本当の本当の自分に向けての会話が始まっています。**

そして、自分に語りかけて、自分の気持ちを聞いていくと、自分の心のくせに気づくことがあります。

「どうしようか。やってみる？」って語りかけたときに、

「いやー自分には無理だよ（ってお母さんが言った）」

というように、反射的に答えてしまうことがないかどうか、自

分を観察してみてください。

「え、失敗するかもしれないじゃない」

「え、自分にはできないよ」

「え、ダメだったらどうするの」

こんなふうに、反射的に自分にダメ出しをするときは、だいたい、子どものころに親に言われた言葉を、そのまま、自分にかけ続けているんだってことに気づいてほしいんです！


恐怖や不安って、起きてもいないことを想像して生み出される感情に過ぎないのですが、その大元には大抵、子ども時代の体験が潜んでいます。

何かやってみようとしたときに、「どうせできないんだからやめておきなさい」とか「人よりも目立つようなことをするんじゃない」などと、親に言われたりした体験です。結果的に、できないことをやるのは怖いこと、人よりも目立つのは悪いこと、というふうに自分の中に前提をつくってしまうんですね。

だから、大人になって、何かをやってみようとするときに、顕在意識が「どーだい、チャンスだよ、やってみる？」と尋ねても、心が反応してしまって自動スイッチのように「いや無理」と答えてしまいます。

こうなると、いくら「ありがとう」を言って、宇宙からのヒントを受け取っても、「いや無理」までが自動化されてしまって、いつも「やらない」方を選択してしまうから注意が必要なんです！

側から見ていたらきっと

「え！　とりあえず、やってみたらいいじゃん。なんでやらないの？　本当はやりたくないいんじゃない？」

って感じだと思うんですが、この前提って、子どもからすると命を守るために決めたすごくすごく重たい決定事項だから、本人にとって、そのルールを破ることは容易じゃない。それは、よく

わかります。

でもね、実はこの前提を変えるきっかけが口ぐせです。

とりあえず、言ってみましょう。

**「逆ナンデス！」ってね。**

思考「どうしようか。やってみる？」

心「いやー自分には無理だよ」

って、いつもと同じ会話になったときに、

「はい！　それ、逆なんですね——！」って言ってみる。

それでもしつこく、潜在意識が「無理だよ」って言ってきたら

**「それって、本当にそう？**

**本当に本当に？**

**本当に本当に本当に？」**

って心に聞きます。

この質問、めちゃくちゃ効きます。潜在意識の自動スイッチが外れて、詰まっていた宇宙パイプが一気に通ります。具体的な質

問を、さらに自分に投げかけることができます。

「それをやってのけた人は本当にいないの？

自分がそれをやるためには何が必要？

誰に相談したらいいかな？

誰が答えを知っているだろう？

本当に他に方法はない？」

もはやそこに、悩んでいる自分は存在しませんから！

自己完結してきたドM生産ラインを一旦止めて、ラインをメンテナンスします。自分が本当に欲しかったものが出てくるように、設定し直すんです。

# 「できなかったらどうしよう」が消える魔法の3文字

僕が普段お伝えしている願望達成の4ステップは

①結果を決める
②言葉に出す
③紙に書く
④行動する

というものです。ね、シンプルすぎるでしょう？

そもそも、宇宙に願いをオーダーしてしまえば、自動的にそこに向かって宇宙が動き出すんですが、結果を恐れる心が、必死で自分を止めようとしちゃうんですね。

結果を決めて、言葉に出して、紙に書いて、行動すれば、当たり前のようにどんな願いもかなっていくのに、「できなかったらどうしよう」って思った瞬間、心が自分にストップをかけてしまって、動けなくなってしまいます。

ものごとがうまくいかない人がこの地球上でやっていることって、自由にこの地球を楽しむ自分を、**必死に止めている**ってことなんですね。

**そう、心は、止め役。**

何かをオーダーした瞬間に「そんなこと無理だよ」「え、失敗したらどうするの？」って畳み掛けてきます。

だから、結果にコミットできなくなるし、できなかったときのことを想像すると、言葉に出すのも、紙に書くのも、行動するのも怖くなる。だから、オーダーしてみたものの、自分を必死に止めてしまうんですね。

でもね、この「できなかったらどうしよう」を一瞬で打破する、最強のひらがな3文字があるんです！

それは、「だから？」。

この「だから？」に含まれている意味は、**「だから何ですか？　関係あります？　私の宇宙に入ってこないでください」**です。

失敗したときに起きそうなことを想像してしまうときに、「あの人からきっと、『やっぱりおまえはダメだなあ』って言われてしまうかも」って思ったとします。

そういうときはすかさず、心の中で、「だから？」って言ってみてください。

実際に、批判してくる人にも、間髪を入れずに、心の中で、ドスの利いた声で言ってください。

**「だから何ですか？　関係あります？　私の宇宙に入ってこないでください」**

この「だから？」を発信した瞬間って、自分が自分の最強の味方になっているんです。そして、過去から学んだ自分への批判的な声を消し去ります。同時に、「批判は自分の宇宙には必要ありません」という宣言でもあるんです。

だから、この言葉を使えるようになると、強くなれちゃうんですよ。ぜひとも日々使ってみてください。

## 今週の逆！

「ひどい親に育てられたから私は不幸」だと⁉
逆！逆なんだよ！
「親にいつまでもかまってほしい」と
いつだって「不幸を選んでいる」のは自分だ！

Chapter
3

# 「受け取り拒否」のブラックホールから帰還せよ!

ひとり空回りするとき
何が起こっているのか

はい！ 次のゲストはヒロサマです！
えっと……
私は……
コンサル会社でコンサルタントとして働いています
仕事がまったく楽しくありません
同僚とも折り合いが悪く
ポツン
会社の人とは誰とも口を利かない状態です
コイケさんほどではありませんが借金もあって
借金
仕事
ぐえ～
新興宗教2世で実家とも疎遠です。
幸せな家庭を作りたいけど出会いもなく……
なかなか盛りだくさんですね！
昔のコイケを思い出すぜ！
やっぱり家庭環境に恵まれなかったせいでしょうか？

よし、メガネオンザ3回転半真逆メガネだ！
は…
はい…
サッ
+5
+5
ぐるぐる
あああああ
あああ
ド
ん？この漫画本は？
あ！これ！ドラえもんだ！
人生カタログ ドラえもん
ペラ
あれ？のび太が僕になってる！そして、泣いてるのにドラえもんが出てこない！
ペラ
ゴン
おまえ、のび太なんだからドラえもんを呼ばないなら、このシナリオ選んだ意味ないぞ！
えええ
僕、ドラえもんのいないのび太設定なの？

# 「助けてほしい」は「助けてもらえない」が続く口ぐせ

**DJ宇宙**　「ということで今日も始まりました。
『ドSの宇宙さんの逆転ラジオ』。
リスナーのみんな、元気ですかー?
さて、のび太は今日ものび太らしくな。
この番組はDJ宇宙がお送りしています。
宇宙スパルタ教育のご相談や曲のリクエスト、お待ちしてまーーーーす!」

**コイケ**　「スパルタって言えば、日本人ってちょっと
何でも人に頼らず、一人で頑張ろうとしすぎなところがありますよね」

DJ宇宙　「まったくだぜ。
だいたい、地球に遊びにきた魂は全員、
のび太を体験しにきたと言ってても過言ではない」

コイケ　「のび太を体験しに？」

DJ宇宙　「そうだ。宇宙の力を借りながら行動を楽しむのび太だ。
ま、テーマはそれぞれ違っていて、
コイケのように『のび太の借金からの大冒険』だったり、
『のび太のホームレス開拓史』だったりするわけだ」

コイケ　「ホームレス開拓って……」

DJ宇宙　「ともあれ、どんなテーマを選んだとて、
ドラえもんの出てこないドラえもんの何が面白いんだ。
さっさと死にそうな声でドラえもんを呼びやがれ！」

コイケ　「また借金……でも確かに、
せっかく映画『ドラえもん』の世界をのび太として楽しんでいる人が、
なぜ、ドラえもんが出てこない設定にしちゃうんでしょうね」

DJ宇宙 「そりゃあなあ、『誰も自分を見てくれない』
『誰も助けてくれない』をオーダーするからだろ。
ヒロサマだってそうだ。
宗教2世で、誰も自分のことを見てくれない家族の中で育ち
自分の考えや、思いには
一切耳を傾けてもらえなかった結果、
『誰も僕の言葉を聞いてくれない』っていう
オーダーをしやがったわけだ。
そうすると、何でも一人でやらなくてはならなくなる。
その結果ドラえもん消してどうするよ。
それに、だ。アニメのドラえもんを真に受けて
『助けて~ドラえも――ん』だけじゃ、実はダメなんだわ」

コイケ 「助けを求めるのにも、求め方があるってこと?」

DJ宇宙 「『宇宙さーん、助けて~』だと、どうなると思う?
宇宙は主語を判断せずに、

言葉をただそのまま増幅させる形でかなえるわけだから……」

**コイケ**
「あ！　そうか。
『助けてー』だけが、宇宙にオーダーされて、
『助けてもらいたい』がかない続けて、
助けてほしい状況がずっと続くわけですね」

**DJ宇宙**
「だから、ドラえもんも連載が続いている間はずっと、
『助けて〜ドラえも────ん』なわけだ」

**コイケ**
「『助けて』オーダーは、怖いですね」

**DJ宇宙**
「そうすると、いつだって、何か失敗していて、
ジャイアンにいじめられ続けるって、どんだけドM生産機なんだ。
それが好きなら止めないが、本来のシナリオは、
ちゃんと宇宙に願いをオーダーすることで、
ドラえもんに助けてもらうっていう経験をして、
最後はのび太がちゃんと自立して、
しずかちゃんと結婚するだろうが。

しっかり目的地を明確にしてオーダーしやがれ！

じゃなけりゃ、宇宙も動けん」

**コイケ**　「確かに、助けてーだと何を助けて欲しいのか、どう助けて欲しいのか、わかりませんね」

**DJ宇宙**　「ちゃんと『しずかちゃんと結婚して、しずかちゃんと幸せになる。なりました！』ってオーダーできたなら、のび太はちゃんと自立する。

最後に、ジャイアンとの戦いに自力で勝ったのび太の寝顔を見て、

『もうのび太は大丈夫』って、未来に帰っていくドラえもんはまさに！　オレ様のようだろうが！

な、泣けるぜ！　泣けるなあ、コイケ！　うおおおおん」

**コイケ**　「いや、絶対嘘泣きでしょうが」

**DJ宇宙**　「ドラえもんってのはな、おまえらが体験できる奇跡を集約した、宇宙体験装置のようなもんだからな。

本来誰もが、ドラえもんを味方につけて、この地球を満喫できる。

ドラえもんのひみつ道具も使い放題だ！」

コイケ「ええええ、でも、『どこでもドア』なんてないですよ」

DJ宇宙「あるんだわ。それが」

コイケ「えええええ、あるの？　ど、どこに？」

DJ宇宙「ただ、地球は行動の星だからな。

**現実世界の中では、宇宙と違って**
**頭で考えた瞬時に思った場所へ移動するのではなく、**
**行動を挟んで辿り着く楽しみを満喫できるようになっている。**
**だから、この地球上での『どこでもドア』は、**
**『どこでも（行けるから行動しまくれ）ドア』**
**にアレンジされている」**

コイケ「あああああ、オーダーすれば何でもかなうけれど、そこには必ず行動や体験が挟まれるのが地球ってことですね」

DJ宇宙「そのとーり。だから、この地球上では、
ドラえもんの道具ってのは大抵『テッテレー〝がんばれー〟』だな。

でも、行動した後は、必ず奇跡は起きる。その手間をとことん楽しめ」

## 「人から助けてもらっていい」と自分に許可を出せ

**DJ宇宙** 「とにかくだ。
ドラえもんの世界をのび太として楽しむんだ。
あれは、自分がつらいとき、助けが必要なとき、
ちゃんとおかげ様が助けに来てくれるっていうことを
体感するドラマだからな」

**コイケ** 「ああ、ヒロサマも、自分の声を聞いてくれるドラえもんが
まずは必要ってことですね」

**DJ宇宙** 「そうそう。ドラえもんの世界にいるのに、
正しくドラえもんを呼ばなかったらどうなると思う?」

コイケ「えーっと、ドラえもんに会わなかったのび太君の未来……
なんか、宇宙さんが出てこなかった僕の未来、みたいな恐ろしさがあります。
だいぶ、怖いです。なんか宇宙さんがドラえもんに見えてきた」

DJ宇宙「ふっふっふ。ドラえもんが来なかった世界では
のび太はジャイ子と結婚してるんだぞ?」

コイケ「えええええ。それはちょっとショックだ」

DJ宇宙「その前に、大学受験を失敗して三浪になって、就職できず、
会社を立ち上げたものの火事で全焼して倒産。
35歳の頃には100年かけても返しきれない借金をつくっている。
そのせいで、セワシ君に迷惑かけすぎて、
人生大逆転のためにドラえもんが送られてくるわけだ。
まさに、オレ様がやってきたときのコイケみたいだな」

コイケ「なんか、急に親近感が」

DJ宇宙「一方で、ドラえもんに助けてもらい、
ちゃんと自立できたのび太の職業は、国家公務員である環境省の職員で、

妻はしずかちゃんだぞ。どうだ」

コイケ
「お、おお。全然違う人生ですね」

DJ宇宙
「どっちの人生だって自由に選べるわけだ。

だから、今、自分の人生が最悪だって思うやつは、こう考えてみろ。

**未来の自分が自分の人生を大逆転させるために、人生を変えられるベストポイントとして今を選んで宇宙の法則に出会わせたってな**」

コイケ
「ああ。僕の人生にもし宇宙さんが出てこなかったら……

僕は今頃どうなってたんだろう！」

DJ宇宙
「まあ、どこかの公園でのたれ死んでたかもな。

はーっはっはっは。さて、ここで1曲。

ヒロサマからのリクエストで『宿無し』」

コイケ
「やばい。曲選びがやばい」

DJ宇宙
「とにかく、だ。

今、行き詰まっているやつは、

自分が今、のび太を選んでいると認識してみろ。
困難を、ドラえもんの力を使って乗り越えて、
幸せになるストーリーの真っ最中だと仮定するんだ。
そして、最終的にどんな人生を送りたいのかを明確にしろ。
人生の最終目的を決めるんだ」

コイケ「のび太としての人生での成功か……ならやっぱり
『のび太のしずかちゃんとの幸せ大冒険』ですかね」

DJ宇宙「なら、いずれ自立しなくてはならんが、最初から自力本願で行くな。
助けられる体験をまずは堪能しろ。
そのためには『人から助けてもらってもいい』と
自分を許可しなくてはならんし、
それを体験しなくてはならん。自立や成功、お金はその後の話だ」

コイケ「はい！　僕はこれからも、宇宙さんと二人三脚で
のび太を堪能します！」

DJ宇宙「おい、二人三脚はいいが、この地球上でのおかげ様は、

全員が、ドラえもんのように
お前を助けてくれる存在だってことも忘れんなよ」

**コイケ** 「全員ドラえもん？」

**DJ宇宙** 「いつ烏天狗が後ろから神風吹かせてくれるか、
それも、おまえらのオーダーと行動次第だ！」

**烏天狗** 「ゲスト召喚ありがとうございます！」

**コイケ** 「ああああああ、でた！」

**DJ宇宙** 「おう、烏天狗、元気にやってっか？」

**烏天狗** 「ええ、ええ、ちゃーんと神社で、
宇宙神社ネットワークに
アクセスしてくる人を観察して、
神風吹かせまくってますよー」

**コイケ** 「そうだ。毎月1日には氏神様に参って、この地球上で、存分にアトラクションを楽しんでいることにお礼を言って、『僕ちゃんと行動します』って宣言することが大事ですよね」

**烏天狗** 「そうそう。神社っていうのは、この地球上で願いをかなえるために互いがおかげ様となれるようにつながる場所ですからね」

## 「好きなことを仕事にしなくちゃ」は、まやかしだ

**DJ宇宙** 「もうひとつ、スピリチュアル好きな輩《やから》に教えておこう。好きなことを仕事にしなくてはならんとか、そんなのはまーぼーろーしーだ」

**コイケ** 「ああ〜。僕もそうやってアパレルのお店を立ち上げたんでした。まーぼーろーしーになりました」

DJ宇宙「服が大好きだから、服の仕事で成功しなくてはならないって一体誰が決めたんだ？」

コイケ「ええっと、僕が勝手に」

DJ宇宙「あれだろ、ちょっとシャレた仕事について成功したらなんか素敵ーとか思ったんだろう」

コイケ「う……耳が痛い。改めて考えてみると、優秀な理系の男兄弟の中で育ったこともあって、兄弟を超えるには、理系じゃない好きなことを仕事にするしかないってどこかで信じていたんだと思います」

DJ宇宙「好きを仕事にしなさい、ってのはまやかしの言葉だ。いいか、**本来は、好きを仕事にしてもいいし、しなくってもいい**。好きを仕事にすることが、自分の本当の望みなら、全力で楽しめばいい。しかし、それが、『好きを仕事にしていると周囲から見られたい』とか『好きを仕事にして親に立派と思われたい』なら話は全然別だ」

コイケ「今やっている仕事が好きじゃない人はどうしたらいいんですかね」

DJ宇宙 「だから、仕事を好きじゃなきゃいけないなどと、誰が決めた？」

コイケ 「あ、ああ」

DJ宇宙 「好きなことを仕事にしたやつがいたとして、
そいつはそいつの人生を選んだだけだ。
そいつのオーダーが、まさに『好きなことを仕事にする』だったかもしれん。
だが、無理やり好きなことを探して仕事にする必要があるか？」

コイケ 「いや、ないですね。僕は時計や車のフォルムが大好きだけど、
時計をつくる仕事とか、車を売る仕事がしたいかっていうとそうじゃないし」

DJ宇宙 「それよりも、この地球上でやりたいこと、
どんな人生を送るのが自分にとって幸せなのかを、
真剣に考えて、行動しろってんだ」

コイケ 「確かに、僕は今幸せだ。
『好きなことを仕事にしなくては』を手放してから、
パワーストーンのお店を開くことができたし、
いくら話しても話が尽きない宇宙の仕組みについて語る仕事ができて……

僕が話すことで、幸せになる人たちが出てきてくれて嬉しいし、
その結果、大好きな服を着られるし、好きな車に乗れる生活ができていて。
結果的に今の仕事が心の底から好きだと思えるし、
天職だ！　わあ、なんか感動！」

DJ宇宙
**「自分の人生を本来のシナリオで生きるってことは、**
**好きなことを仕事にすることとイコールではないからな。**
別に自分の好きを仕事にしなかったとしても、
宇宙からのヒントを受け取って進んでいけ。
結果的に、超絶楽しくて、毎日奇跡が起こりまくるからな。
それはいい仕事を選んだといえる。それが答えだ」

コイケ
**「好きを仕事にしていてもいいし、していなくてもいい。**
**それは人それぞれ、か。**
そう考えるとすごく気が楽ですね」

DJ宇宙
「とにかくだ。今目の前にある現実を、
自分のオーダーがかなった状態であると認識してみろ。

そして『ありがとう』を言いながら、丁寧に仕事をこなしてみろ。
どんな仕事だっていいんだ。
**『ありがとう』を言い続けると、**
**自然にその仕事のいいところが見えてくるぞ」**

コイケ　「そうか。今の仕事を好きになって、
結果的に好きが仕事になるっていう世界線もあるわけですね」

DJ宇宙　「その上で、自分がこれからかなえたい理想の人生をしっかり考えろ。
転職したければしてもいい。
仕事としてやりたいことがあれば挑戦すればいい。
オーダーをかなえるためにお金を稼ぎたいなら、
お金が稼げることを仕事にしたっていい。
**仕事ってのは、好きでもいいし、好きじゃなくてもいい。**
**ただし、仕事はすべて、自分のオーダーをかなえることに**
**寄与しなくてはならない」**

コイケ　「オーダーに寄与？」

DJ宇宙「好きな仕事であろうとなかろうと、
その仕事によって稼ぐお金や、得る技術がすべて、
自分の最終目的である、この地球で体験したかった人生の目的を
実現させるために役立っているかどうか、
それを考えろって話だ」

コイケ「そっか。好きじゃない仕事をして、
欲しかったものを買うのも、それは、
オーダーをかなえるための行動ですもんね」

DJ宇宙「だからオレ様が、先に人生の最終目的を決めろって
口を酸っぱくして言ってんだ」

コイケ「目的地がわからないのに、
途中経過が目的地到着のために役立っているかどうか、
検討しようがないですよね」

# この世界でかなえたいことを「勘違い」する僕たち

いやー、ドラえもんの話、本当に面白いですよね！　ね！

この地球上に存在するフィクションってね、漫画でも映画でも小説でも、全部、実際にこの宇宙には存在する話なんですよね。

地球上にはなくっても、宇宙のどこかでは、「現実」にあるんです。

だから、『あり得ない話』として受け取るのはもったいないってコイケは思うんです。何だってあり得る。ただし、地球は行動の星だから、実際にこの地球上では、行動が伴いますよって話。

宇宙さんはいつだって、何歳からだって、どんな願いもかなうのだと教えてくれました。そこに、制限をつけなければ、の話です。そして、仕事っていうのも、僕らはいつからだって、どんな

仕事でも選ぶことができちゃいます。

ただ、この地球上の全員が「好きなことを仕事にしなきゃ」とか、「素敵な仕事に就かなきゃ」とか、思う必要ってないんです。

なぜってね！　それぞれ、今回の地球で体験したいことが違うからですよ。

もちろん、芦田愛菜ちゃんのように子役から大女優になるって設定している人もいるでしょうし、なかやまきんに君のように筋肉が仕事になっちゃう人もいます。だからと言って、あなたもそうしなきゃ、と思う必要はありません。

もちろん、そうしたいならそうしたっていいんです。

**大事なのは職業自体ではなくって、今回の宇宙で体験したいことがかなうかどうか、**ってことなんです！

そこには、仕事が関係している人もいるでしょうし、関係していない人もいるんです。これに気づいておくことはとっても大事です。

## なぜ「お金を稼ぎたい」というオーダーはかなわないのか？

もしも、今、仕事が好きじゃない、楽しくない、うまくいかないっていう人は、「好きなことを仕事にしなくては」って思う前に、じゃあ、仕事をして得たお金でやりたいことは何なのか、を考えてみてほしいんです。

**お金というのは、使う目的があって初めて、意味のある存在になります。**

ただ、お金を稼ぐってだけだと、ただ、紙切れが手に入るだけでしょ？　紙ですよ、紙。

お金って、オーダーをかなえるために、行動するために使われてはじめて、意味がある存在なんです。

**僕らは、お金を使って、地球での体験を得たいんで**

**す。あれもしたい、これもしたい、でいいんです。**

だから、「お金を稼ぎたい」というオーダーは弱い。弱すぎます！　だって、お金を稼いだだけでは体験は手に入らないから。

**お金を得て、何をしたいの――？　ってこと。**

お金を得てやりたいことが、好きなことを仕事にするという世界線につながっているのなら、是非とも、好きなことを仕事にしてください。

でも、お金を得てやりたいことが、「あの国に行きたい」とか「あの車に乗ってみたい」とか、仕事とは関係のないことであれば、今の仕事を最大限に効率よく頑張って、やりたいことを手に入れるために動き出してみてください。

そうそう、お金を得てやりたいことを考えるときに、「お金がないからできない」は、禁句ですよ――。

**やりたいことが決まれば、必要なお金は湧いてきます。必要な能力だって湧いてきます。**

それがある意味ドラえもんの道具のようなもの。

それが宇宙なんです。

「能力はちゃんと届けられる」って信じることで人生って変わるし、仕事も楽しくなったりしちゃいますから。

その結果、仕事が楽しくなったり、新しい道がひらけて、結果的に好きなことが仕事になっているってことはよく起こるんです。

## 誰かの視線を意識したニセオーダーにご用心

人は往々にして、自分のやりたいことを勘違いします。

僕らが仕事を選ぶときにやりがちなのが、「あの人に認められたい」という思いを抱えたまま、その手段に職業を選ぼうとすることです。

わかりますよー、わかります。

僕の場合もそうでしたからね。どこか、優秀な兄弟を超えたいという思いもありましたし、友人たちにも、「洋服屋さんやってるのか、カッコイイネ」と言われたかったんです。

でも、それって本当にやりたいことではありませんでした。

大好きな服は、自分がデザインしなくても、それを本当にやりたい人がこの地球で仕事として体験しています。大好きな車だって、僕が溶接しなくても、車をつくることを決めてきた魂がそれを職業にしているわけです。

誰かから見てかっこいいかどうか、親が認めてくれるかどうか、兄弟よりもいい職業かどうか。それって、自分の本当の思いじゃないことがほとんどです。だって、他人軸だから！　よその宇宙の価値観だから！

そんな他人軸の視点でやりたい仕事を探してしまうと、その仕事を得たとしてもうまくいきません。

僕の本当の願いは、僕が、僕の人生さんを大切にして、自分が主役の人生を生きることだったんですよね。

そして、僕は借金2000万円を返すために行動しはじめました。

僕にとってのドラえもん、宇宙さんの言葉に耳を傾けながら、宇宙のしくみについて学び、口ぐせを変え、行動を変えるうちに気づいたんです。この地球で僕がやりたかったのは、個人でできる限度一杯の借金を完済した僕が、誰よりも説得力を持って、宇宙のしくみを伝えるってことだと。

そう、この地球上にいる全魂に宇宙の仕組みを伝え尽くすこと！　地球を堪能する術を伝え尽くすこと！

だから、完済に近づくにつれて自然と、僕の宇宙の中では「仕事＝宇宙について伝える」という方向に向いていました。

それが、うわべの「やりたいこと」ではなく、僕が今回の地球で本当にやりたかった「今回の地球を堪能する」ことだったか

ら！

そのために、24時間365日しゃべってても疲れない体を持って生まれてきたんだなって今は思いますが、何を隠そう（隠しませんが）、僕は、宇宙のことを伝える仕事を始めるまで、めちゃくちゃ人前で話すのが苦手でしたから、やっぱりね、「やる」と決めたら能力は湧いてくるんです！　すごくないですか？

これだって、ドラえもんのポケットから出てくる道具の一つですよね。名づけるならなんだろう、「テッテレー！　24時間さんまさん」とか？

どんな仕事に就きたいか、で考えるよりも、この地球でどんな体験をしたいのか、を考える方が、「天職」や「幸せ」に辿り着く近道なんだろうな、と僕自身の体験から思います。

地球でやりたいことが決まっていれば、実現する能力だって湧いてくるし、たくさんのドラえもんが奇跡を起こしてくれる。

ほら、やっぱり「逆ナンデス！」。

**好きだから仕事にするといいわけでもなくて、今回の地球でやるべきことだからやっているうちに好きになる。**

自分が好きなこと、誰かに素敵と思われる仕事よりも、この地球上で他の人よりも得意だったり、簡単にできたりすることっていうのは、仕事にするために持ってきた能力なのかもしれません！　そして、やっているうちに、人が喜ぶ顔を見れて、お金も入ってきて、気づいたらすご――く好きになっている。

コイケは、結果的に天職に辿り着いたなって実感しています。

ありがたーい。

よし！僕もこの世界で、いろんな「ドラえもん」の力を借りてみよう！
数日後
実は仕事で行き詰まってて
会社が合ってないってこともあるかもよ？
ってアドバイスにハッとしたり
縁ちゃん！僕に素敵なパートナーをお願い！
はーい、実はちょっといい子がいるのよー
ヒロサマさあ、独立開業してみたら？
ニコッ
コイケ講演会
子どもの頃どういう人生だったか、親がどんなだったかは実はこれからの人生に関係ないんです
この地球に生まれてくるために両親や先祖がいてくれた

そのことに感謝できたら、家族の問題なんてオールクリア！
あとは今回の地球を全力で楽しむって自分に許可を出して！
コイケさんの言葉もあって僕は両親やご先祖に
命をありがとう
僕は今回の僕の地球の旅を全力で楽しみます！
と言うことができました
ぐっ
素敵なパートナーともめぐり合い、独立を決意したらすぐにいい物件が見つかって、仕事も順調
あれ？ なんか、仕事って楽しい！
まるで別の地球に降り立ったみたいだ！

# 先祖から脈々と流れてくるライフフォースを受け取る秘儀

DJ宇宙「仕事がうまくいっていないやつは、**宇宙真瞑想**をすればいいぞ」

コイケ「う、宇宙真瞑想⁉」

DJ宇宙「そうだ。この地球上が宇宙と違うのは、一つは行動するために用意された遊び場だということだ。ほら、あれだ」

コイケ「あれって？」

DJ宇宙「暇を持て余したー」

コイケ「神々の遊び！　って、え？」

DJ宇宙「そうだ、何度も言ってるが、おまえらは遊んでんだよ。この地球で。困難がなかったら、あのコントみたいにヒマなんだよ。

だから、願いが瞬時にかなったりはしない」

コイケ 「そうか……まずはそれを理解しろってことですね」

DJ宇宙 「もう一つは、行動するために肉体が必要であるっていうことだ」

コイケ 「宇宙では肉体を持たない魂ですもんね。

願ったことは瞬時にかなっている僕たちが、

わざわざ、面倒な行動を体験したくてこの地球にきている」

DJ宇宙 「そのとおり。そして、肉体を持って地球に生まれてくるには、

必ず、両親が必要だ。

今地球上にいる人間の誰一人例外なく、両親がいるわけだ。

その両親にも両親がいて、誰一人欠けてもおまえらは生まれていない。

今回の地球旅行にくるには絶対的に必要だった存在だってことだ。

つまり、今回の親、そして家系に生まれてくることも含め、

今回の地球を楽しむために必要だったってことだ」

コイケ 「そうか。今回の地球では、今回の親が必要だった、か。

『ひどい親に育てられたから人生最悪』

なんて言うこと自体が不毛ってことなんだ」

DJ宇宙「大切なのはここからだ。

**この地球での乗り物である肉体っていうのは、家系に流れるエネルギーを100％受け取って初めて、その力を100％以上に発揮することができる」**

コイケ「家系に流れるエネルギーってどうやったら100％受け取れるんですか？」

DJ宇宙「それが宇宙真瞑想だ。リスナーのおまえらも今から一緒にやれ。まず、一人でその場に立って、宇宙からやってきた自分をイメージしろ。そして、その右後ろに父親、左後ろに母親が立っているのを想像してみろ」

コイケ「はい！」

DJ宇宙「父親のうしろには父方の祖父母が、母親の後ろには母方の祖父母が、立っていて、その後ろには父方、母方の曽祖父母が立っている。そうやって、イメージで後ろにどんどんご先祖を立てていけ」

コイケ「すごい数になりそうですね」

DJ宇宙「そりゃあそうだ。30代前まで遡れば、先祖の合計は20億人を超えるぞ」

コイケ「に、に、20億人！」

DJ宇宙「おまえの借金よりだいぶ多いなあ、コイケ」

コイケ「僕の借金なんて2000万ですもんねー。って、いや、そうじゃなくって」

DJ宇宙「いいか。

**家庭環境がどんなに不遇だったとしても、この地球に生まれてきた命の流れに感謝はしておけ。**

**親を好きになれとか、親を助けろとか、そういうのはどっちでもいい。**

**とにかく、この地球に生まれたこと、その背景に、両親と先祖がいるってことを認識するだけでいい。**

初めは形だけでもいいから、そこに向かって『ありがとう』と言ってみろ。

そうすれば、おまえの肉体にはライフフォースがどんどん流れ込んでくる。

これは、車を動かすガソリンのようなものだ。

肉体を得てこの地球にいることに感謝できないやつは、
ガス欠の車に乗っているようなもんだ」

コイケ　「ガス欠の車に乗ってても、そりゃ、動きませんね」

## 心の底から願っていることかどうかは「現実」に聞けばわかる

DJ宇宙　「そもそも、人間っていうのは厄介で、乗り物である体と、
自分の中の本当の本当の本当の自分、
つまり、心よりももっと奥底にある魂の部分が同じ目的地を設定しない限り、
なんかどっか、変なところにいっちまうんだわ」

コイケ　「変なところ？」

DJ宇宙　「家系や家庭の中で生き延びる術を学んで、うっかり、
カーナビに目的地を入れちまう。

『母親を助けられない自分は幸せになる権利がない』
『お金に苦労しないためには公務員一択』
『一流の会社に入らない限り人間じゃない』
とか、そういう類は全部、自分が入力したわけじゃないけど、うっかり入れてしまったカーナビの目的地になっている」

コイケ　「うはあ。だからそこに向かってしまうけれど、なんか楽しくない、とか、うまくいかないってなるんですね」

DJ宇宙　「そうだ。それは、自分が設定してきた今回の地球旅行の目的地ではないからな。まさに、地獄へドライブだ」

コイケ　「間違えた目的地を入力していることに気づくにはどうしたらいいんでしょうか？」

DJ宇宙　**「そりゃあ、聞くしかないだろ。〝現実〟に」**

コイケ　「現実に？」

DJ宇宙　「目的地が違う場合、自分が頭で考えている行き先と、

カーナビに設定された目的地が違うわけだから、
目的地に近づいているのか、遠ざかっているのか、は、
現在地で確認するしかない」

**コイケ** 「なるほど。**いわゆる『現実を見ろ』っていうのは本来、理想の人生になっているかどうか、現実を見て確認しろ**ってことなんですね」

**DJ宇宙** 「本来の目的地に辿り着けないやつの課題は他にもあるぞ。
人生迷子のやつは自分の両親や先祖に対して感謝できない。
だからガス欠にもなる」

**コイケ** 「ああ、なんか体調悪いとか、鬱っぽいとか、会社行きたくないとか、
借金のことを考えると涙が出てくるとか……。
借金に押しつぶされそうなとき、僕はまさにそういう感じでした」

**DJ宇宙** 「それはだな、自分の中の本当の本当の本当の自分が
『行き先間違ってますよー』って教えてくれていると思え！」

**コイケ** 「なるほど……ってことは、もしかしたら、借金まみれになったのも、
強引ではあるけれど、『そっちには行けない』っていう

引き止めだったのかもしれませんね」

**DJ宇宙** 「だから、今、仕事がうまくいっていないとか、
人生がつらいってやつは、自分のカーナビ入れ間違ってないか、
現実に聞いてみろ」

**コイケ** 「借金まみれでしんどかった時は、いつも
ブレーキとアクセルを同時に踏んでいるような感じでした」

**DJ宇宙** 「借金を返して、幸せになるって決めたあとはどうだった？」

**コイケ** 「いつも体が軽やかで、軽ーくアクセルを踏むだけで進んでいるし、
道には迷わないし、車内はいつも笑い声が絶えなくて、
素敵な旅をしている感じでした。
借金はまだたくさんあったけど、毎日楽しかったなあ。
今はもっと楽しいけど」

**DJ宇宙** 「なんだてめー、このリア充め！
それが、目的地が明確で、ハイオク満タン人生ってことだ」

コイケのおひとり様
居残りテンションアゲアゲ
ラジオ

# 「なぜか楽しくない」には ちゃんと理由がある

僕が、自分の中の本当の本当の本当の声、としてお伝えしているのは、魂の声のことなのですが、魂は地球に来た本来の目的を知っていて僕らを導こうとします。

一方で、怖がりの心がそれを全力で止めようとして、「やっぱりやりたくないんだよねー」とか、さまざまな嘘をつきます。

そして**この心がつく嘘ってね、すぐに見破る方法が実はあるんですよ！**

**それは、「現実を見る」ってこと**です。

願いがかなわないとき、または、願いがかなっている状態のはずなのに、なぜか楽しくない、ワクワクしないというとき、それは「別の人の願い」をかなえてしまっていたり、子どものころに

親から学んだ幸せの定義を知らないうちに自分の目的地に設定してしまっているんです。

別の人の願いっていうのは、「親の期待に応えようとしていること」だったり、「誰かに認めてもらいたい」とか「自分につらい思いをさせた人に復讐したい」と思っているが故にかなえようとする、ニセの目的のこと。

それって、今回地球に来た目的とは違いますよね。だから当然、とにかく楽しくないし、ワクワクしません。なんなら、イライラします。

僕らは、地球で本来体験したかったことを体験しているとき、それが、血のにじむような努力だとしても、どこかで心と体がウキウキしていて、「なんだか充実してる」って思うものなんです。

僕は、「自己破産を選ばず、借金を返済して家族と幸せな人生を送る」って決めたときから、借金返済のいばらの道のりを魂レベルで楽しんでいました。

目的地を設定し直した瞬間から、僕のカーナビの目的地は、間違いなく、この地球に来た目的を達成する場所へと設定されていたから。

もうね、アゲアゲの借金返済ストーリーは借金がまだ2000万円以上残っていたときから、始まっていたんですね〜。

と、いうことは！　今、借金地獄の人も、離婚調停真っ最中って人も、親族中骨肉の争いの渦中って人も、**幸せになるために必要なのは、本来の目的地にカーナビの設定をし直すこと。**

目の前の現実に違和感があったり、「自分の人生はもっと違うはず」っていう思いが湧いてくるときは、心が嘘をついていて、誰か他の人を軸にしたオーダーをしているんだと、考えてみてください。

## 「ほらやっぱりうまくいかなかったじゃん」と言いたい

他人軸でのオーダーの「他人」ってね、ほとんどの場合、親です。「また親かよ〜」って言わないでくださいよ。

でも、また親なんです。

そして、親を恨んでいるときに設定する「目的地」の多くは、「ほら、やっぱりうまくいかなかったじゃん」だったりします。

本人は、オーダーした願いがかなわなかったから、当然悲しんでいる。でも、目的は達成しているから心の奥底では喜んでたりもするんです。

「ほら、かなわなかったのは、あのときお母さんが優しくしてくれなかったからだ。お母さんのせいだ」

って、責めることができるでしょう？

そうやって、親を罰したいんですね。
僕のクライアントさんが、カウンセリングなどでこれに気づいたときってね、ほとんどの人がムンクの叫びみたいになっちゃいます。
だって、「お母さんのせい！」っていうことがオーダーになってるって、ショックですもんね。

誰かに自分の存在を認めさせたいときに設定する「目的地」の多くは、「人からすごいと言われたい」だったり、「人から羨まれるような仕事をしたい」とか「スペックのいいパートナーを得たい」だったりします。
「ドS本」では何度もお伝えしてきていますが、「～したい」というオーダーは「私はかなっていないのがふさわしいです」というオーダーになっていて、「かなわない」を現実にしてしまいます。

魂レベルで望んだ今回の人生の目的地は、「かなっているのが当たり前の状態」です。だから、本当の自分がなんとかして「オーダーミス」や「心の誤作動」を起こしているのに気づかせようと、現実のなかに、嫌な出来事や事件を起こさせるのです。

だから、他人軸でのオーダーの結果はいつだって悲惨。

行き着く先は、鼻水号泣です。

いっとき成功したように見えても、突然どん底に突き落とされたり、コイケのように悪徳コンサルに騙されて何千万の借金をつくったりします。

でも、そこで気づいて人生のカーナビを再設定できた人は、絶対に人生を好転させることができます。だって、地球って、目的地を設定して、アクセルを踏めば、必ずそこに辿り着くようになっているから。

# コイケが自信をもって「どん底こそチャンス」と言い切る理由

コイケはね、借金地獄から這いあがろうとしているとき、何度か、同じ夢を見ていました。それは、あるときは「暗闇のワンルームの部屋で涙を流しながらひとりぼっちでいる自分」だったり、あるときは「公園のベンチに一人腰掛けて100円のパンをかじりながら、幸せそうに公園で遊ぶ家族を羨ましく思う自分」だったりしました。

きっと、その次元にいるコイケは借金が返せずにどん底が続いているのでしょう。もしかしたら、妻や子どもが去ってしまった後なのかもしれません。

そして、これらの夢には決まって、続きがあって、宇宙さんが登場するんです。

「おいコイケ！　他人軸のオーダーをしているおまえが辿り着いたのがこの現実だ！　**いいか、今から、人生大逆転できるギリギリの過去まで戻してやるから、本気でオーダーし、行動し、本来の自分の望みで人生を生き直せ！**」

そして僕は、あの、宇宙さんに出会った日に戻されます。

そこからは皆さんご存じの通り、宇宙さんのアドバイスで人生大逆転、愛する妻と2人の娘と、天職を手にした幸せな人生を送るわけです。

僕はこれ、ただの夢ではなく、実際に別の次元で起きている現実だと思っています。でも、僕は、カーナビを設定し直したから、行き先が変わり、行動も変わり、現実も変わった。

だから皆さんにお伝えしているんです。

**「今のこのタイミングこそが、最悪な未来を逆転するために、未来から戻された、逆転可能ポイント。今、**

目的地を変更したのだとしたら、さあ、これからどう行動しますか？」って。

## 「ありがとう」を言い続けて、「ネガティブ」のつけいる隙をなくす

願いがかなわないっていう人は、他人の心の動向を気にしすぎだったりします。

過去の情報や記憶、感情に振り回されない。「気にしない」と決めて、行動してみてほしいなって思います。

そのために使える口ぐせが「ありがとう」や「愛してる」だったりするんです。

**なぜかというと、「ありがとう」「愛してる」をつぶやいている間って、余計なことを考えられないから。**

**人はね、しっかり意識しない限り、常に、ネガティブな方、マイナスのイメージに引っ張られるようにできています！**

特に、これまでクセになっている負の感情は自動的に湧いてきますから「ありがとう」や「愛してる」で上書きしていくんです。意識して、「ありがとう」を使ってみてください。

もうひとつ、効果的なのが、成功した状態を思い描いて、得たいものを手に入れた時の感情を想像して、大袈裟にときめく。喜ぶこと。

これはめちゃくちゃ強力です。

コイケは、時計や車のフォルムが大好きなので、パソコンで、いつも気になる時計や車を検索しながら、想像して叫んでいます。「うっひゃーーーーーかっこいい、なんてかっこいいんだ」、その車に乗っている自分を想像して「やばい、もう本当にやばい！すごすぎる。たーまーらーん」って。ええ、心の中じゃなくって、

声出てますね。

そうすることで、「ああ、嫌だなー」って思う隙をね、なくしてしまうんです。

大好きなものを「大好きだー」って言いながら過ごしていると、「大好き」が実現していきます。自分が本当に大好きなことにも、気づきやすくなります。

ネガティブな思いが湧いてくるときや、他人の言葉、動きに敏感になりすぎてしまうときは、反射的に「ありがとう」を口にすること。「嫌だなー」と思う瞬間があったら、すぐに自分が大好きなものを想像してぐふふふふふふと、周りにドン引きされるくらいに笑うこと。

そんな対策を毎日に取り入れてくれたらいいなーって思います。

## 今週の逆！

「心の声を聴け」というが、
心はよく嘘をつく。
逆だ！
見るべきは「現実」だ！
現実が、その道が正解かを
教えてくれている。

ニコッ

Chapter

4

# 「心の誤作動」と「過去の残像」に惑わされるな!

一歩を踏み出せないとき
何が起こっているのか

さて次のゲストはミミさん！早速どんより顔だ！
ズーン
ミミさんは看護師ですがなんとピラティスの資格も取得しているんですね
おいコイケ！
生きてるか？このゲスト！
コラ!!
実は……通っているピラティスのスタジオでこんな張り紙を見つけて
ピラティスインストラクター募集中!!
条件：ピラティスインストラクターの資格
週1〜2スタジオレッスンできる方
くわしくは受付カウンターまで
ありったけの勇気を振り絞って
私！応募します！
って言ったんです

結局ダメで……
NEW
○○先生のピラティスレッスン始まります！
私なんてやっぱり選ばれないいんだぁぁ
スッ
おまえにはこれだ！
ぐるぐる
きゃ
だん
+5
+5
急に！
何ですか？
この変なメガネ！
3回転半
真逆
メガネだ！
せっかく
行動しているのに
「私なんて選ばれない」
って言ってるから
その願いが
かなっている！
行動と言葉が逆だ！

宇宙一聞きたい宇宙さんとコイケの逆転ラジオ 7

# 「劇的に変わらなくてはならない」の罠にハマるな

**DJ宇宙**　「ということで今日も始まりました。『ドSの宇宙さんの逆転ラジオ』。リスナーのみんな、元気ですかーーー？　元気があれば何でもできる！　1、2、3、ダーーーー！」

**コイケ**　「今回は猪木……」

**DJ宇宙**　「この番組はDJ宇宙がお送りしています。宇宙スパルタ教育のご相談や曲のリクエスト、お待ちしてまーーーす！」

**コイケ**　「宇宙の仕組みについて学び始めたり、自己啓発本を読んだりして、『よーし！　これで人生変わるぞ』って思ったのに、自分には奇跡が起きませんって人がいます」

DJ宇宙「そりゃあれだ。映画見て感動するのと同じだな。

一時的に『なんとかなる。自分はもう大丈夫』と根拠なく思ったり、

自分も著者のように『劇的に変われる！』と

ものっすごい期待してしまうからな！

劇的変化願望症候群てな感じだな」

コイケ「逆にいうと、コイケにできたんだから、誰にでもできるんですけどね」

DJ宇宙「そのとーーーーり！

たかがコイケにできたんだから、誰にでもできる。

自己啓発本がダメかっていうと、そうじゃない。

それも立派な行動で、そこからヒントが得られるんだからな。

とりわけドS本は無駄じゃない。読め。

ただし！」

コイケ「ただし？」

DJ宇宙「読んだら即、行動に移せって話だ。

読んだだけでできた気になってんじゃねえ。
まだ、何もやってないだろうが！」

コイケ「あああ、それは、確かにそうですね」

DJ宇宙「もう1つは、人間てのはすぐ忘れちまうからな。
ちゃんと読み返して、その都度1つ行動しろ。一歩踏み出せ！
さて、ここで1曲。ミミさんからのリクエストで『Runner』」

コイケ「え、もう走っちゃうの？」

DJ宇宙「奇跡は在庫過多だっつってんだろ。
だから、本を読んで即奇跡が起きるやつもいるが、そうじゃないやつも多い。
そうじゃないやつがダメなわけじゃ全然ない。
ほとんどの場合は、**わらしべ長者のように**
**静かにその奇跡の一歩が始まっている**と心得ろ！」

コイケ「わらしべ長者かあ」

DJ宇宙「まあ、コイケのようにわらしべ貧者となって
どんどん借金するやつもいるがな」

コイケ
「わらしべ貧者て」

DJ宇宙
「いいか。**わらしべ長者的な静かな奇跡のスタートは、**
**本当に何も起きていないかのように静かだ。**
**それどころか一見失敗に見えることすらある。**
そして、多くの人間はこう思う。
『やっぱり自分に奇跡なんて起きるわけがない』って、
オーダーキャンセルをつぶやいちまうんだから、
宇宙としては、やってられねーって話よ」

コイケ
「まあ、確かに、奇跡が起きた人の話ってドラマティックだし、
自分にも起きるかもって期待して起きなかったら
焦りも出てきますよね」

DJ宇宙
「そいつらの奇跡の始まりが、
本当に一発逆転だったかっていうと、甚だ疑問だぜ。
だいたい、成功したやつなんてな、
ドラマティックなところしか覚えてないからな。

地道にコツコツ頑張ったことなんて、記憶にない。

コイケだってそうだろうが」

**コイケ** 「そうそう、僕が借金時代に山のようにしてしまった、ネガティブなオーダーが出尽くして、その後にオーダーしたポジティブなオーダーが現実になるまで……

つまり、カツ丼をオーダーし続けた僕が、本当に食べたかった冷やし中華が食べられる日まで、本当に毎日、『カツ丼きたーーーー』って食べまくりましたよ。

ああ、でも確かに、あれはあれで楽しかったなあ、って思いますね。

たくさん現れたドリームキラーだって、なんか楽しい思い出だ。

当時は大変だったんだろうけど……」

**DJ宇宙** 「喉元過ぎれば熱さ忘れるだ。

今幸せなやつは、過去のどんなつらいできごとも、『いやあ、あれ楽しかったなあ』って言いやがるからな。

日々不安で、つらくて、でも頑張ってたことなんて、すっかり忘れて、人生ウハウハしてやがる。
だから、成功したやつの成功しているところだけ見たら、
そりゃあ、突然奇跡一発で大逆転に見える」

コイケ 「確かに、奇跡はたくさん起きまくりましたが、
努力や行動も人一倍頑張ったなあ」

DJ宇宙 **「成功ってのは、地道な行動の積み重ねだからな。**
『人生を大きく変える』『奇跡を起こす』ことだけにフォーカスしてると、
ちょっとやってみてダメなときに
『変われない自分はダメだ』と落ち込むことになる。
そもそも、だ。
今のままの人生がダメで、
大逆転しないともっとダメ……なんて、誰が決めたんだ？　ああん？」

コイケ 「メンチ切らないでください。
**確かにこの地球上で生きている限り、**
**スピリチュアルとか自己啓発とか色々言っても、**

**結局は現実を堪能する、楽しむ、丁寧に生きるしかありませんよね」**

DJ宇宙「お、たまにはいいこと言うじゃねーか。
わらしべ貧者のくせに」

コイケ「もう貧者じゃありません」

# オーダーして最初に見るもの、出合うものを大事に扱え！

コイケ「わらしべ長者になるにはまずどうしたらいいんでしょうね」

DJ宇宙「この本を閉じたらまず、
わらしべ長者を読み直してみろ。何？　面倒だと？　じゃあ、
『お金持ちにしてください』と貧乏な男が観音様にお願いし、
空から綺麗な声が聞こえてきて、伝えたことは何だった？」

コイケ「えーっと、確か、

『一番最初に手にしたものを大事に持って旅をしろ』ってことですかね。
そして、宇宙に願いをオーダーし、行動したら、
一番最初に起きたことが、蹴躓いてわらしべに手が触れた、でしたよね。
そうか。

DJ宇宙

「まず、**オーダーした後すぐに蹴躓くのは、誰もが経験すること**なんだ」

蹴躓いたくらいでビービー泣くんじゃねえ。赤チンでも塗っとけ！
蹴躓くのもオーダー後に起きた奇跡の一歩だ。
そこで『私やっぱりダメだ』なんて意味不明だ。
そして手に触れたものがわらだったからってガッカリすんじゃねえ。
そのわらがいきなり豪邸と美女にならないからって落胆するんじゃねえ。
『いいわらですねー、僕の豪邸と交換しますよ』なんて、
そんなのオレオレ詐欺でしかないだろうが。
オレオレオラオラはオレ様だけで十分だぜ」

コイケ

「確かに。宇宙さんだけで十分です。って、痛い。またハリセン」

DJ宇宙「いいか、大きなことを成し遂げるにしても、奇跡を引き寄せるにしても、
人生を大逆転させるにしても、
まずは小さな一歩が大事ちゅうことだ。
そして、新しい自分になるっていうことは、
今までの自分が消えて、まっさらな自分がそこに立っているわけじゃねえ」

コイケ「今の僕たちは、過去の自分がオーダーした通りの自分ですもんね」

DJ宇宙「そういうとだな、
『そうは言いますけど、宇宙さん。
ありがとうを言っていれば奇跡は起きるんでしょう？』
みたいに言いがかりをつけてくるやつがいるが、まあ、その通りだ」

コイケ「毎日つぶやいている言葉だって、小さな一歩の積み重ねですもんね。
だから、5万回の『ありがとう』で大きな奇跡が起きるわけで」

DJ宇宙「いいか、この地球上での小さな行動、日々の口ぐせは、
良くも悪くも積もっていく。1が2になり、2が3になる。
『ありがとう』もそうだし、『クソコイケが』もそうだ」

コイケ「ちょっと！」

DJ宇宙「大人になって、この小さな積み重ねを経験することは少なくなるが、ミミは大人になってから始めたピラティスで最初はできなかったことが少しずつできるようになる過程を体験してきたわけだ。これもまた、行動の積み重ねの結果だ」

コイケ「確かに、小さなことを一歩ずつ、というのは目標が決まっていれば必ず辿り着く確実な一歩ってことですよね。しかも、これまでできなかったことができるようになっていくのは、地球に来た醍醐味ですもんね」

DJ宇宙「そのとおり。楽しい積み重ねってのは、やればやるほど楽しくなり、やればやるほど能力が湧いてくる。しかし、だ。この道程を台無しにする口ぐせっていうのがある。それが、『私なんて』っていう自虐口ぐせだ」

コイケ「出た！　自虐口ぐせ」

DJ宇宙「何度も教えているのに、自虐口ぐせが、ポロッと出てくるやつがありえないくらい多い。
小さい頃から何億回も言ってきた自虐口ぐせが
宇宙パイプに積もり積もってしまっている。
いわば、自虐口ぐせの汚部屋だ。
これを、掃除して、綺麗にするのは一瞬ではいかない」

コイケ
「自虐口ぐせの汚部屋……想像するだけで恐ろしい」

DJ宇宙
「この、良い積み重ねと悪い積み重ねが
同時進行しているときっていうのは、行動してもなかなか良い結果が出ない。
つまり、こいつがタイムラグの時期だ。
地球ってのは行動の星だ。
天井まで積もった汚部屋が、一瞬で、
魔法のように片付くわけがない。
覚悟を決めて、手元のペットボトル1個をゴミ袋に入れることからだ。
それをやるのは、他の誰でもない、汚部屋の持ち主だ」

コイケ
「これまで何億回と言ってきた『私なんてダメ』という

オーダーが残っているんだから、片付くまでは気合いで乗り切るしかないのか……」

**DJ宇宙**「多くの人間はここで、踏み出した一歩を引っ込めやがる。違う、違う、それは真逆なんだ。そういう時こそこうつぶやいてさらに一歩踏み出せ！『つらい！　もう一歩』だ」

**コイケ**「青汁に例えた」

**DJ宇宙**「元気があればなんでもできる！」

**コイケ**「燃える闘魂！」

# 潜在意識の汚部屋を片付ける最強の口ぐせ

コイケ「ねえ、宇宙さん。口ぐせっていうところで言うと、潜在意識の汚部屋から抜け出すための、いい口ぐせってないんですかね？」

DJ宇宙「あるよ」

コイケ「えぇ！　早く教えてくださいよ」

DJ宇宙「それはだな。まずこれを着ろ」

コイケ「え、何これ。セーラー服？　え、なんで？」

DJ宇宙「なんか、それっぽいからだ」

コイケ「それっぽいって、これラジオだから
リスナーには何やってるのかさっぱりわかりませんよ」

DJ宇宙「いいから着ろつってんだよ！
リスナーの皆さん、今、コイケが生着替え中でーす」

コイケ「え！　突然の熱湯コマーシャル⁉　ウソ！」

DJ宇宙「着たか。じゃあいくぞ。

**『え〜〜〜〜っ！！**

**いいんですかぁ！！！！！**

**嬉しいです♪**

**ありがとうございます♡』**

リピート、アフター宇宙」

コイケ「え〜〜〜〜っ！！

いいんですかぁ！！！！！

嬉しいです♪

ありがとうございます♡」

DJ宇宙「リピートアフター宇宙」

コイケ「え〜〜〜〜っ！！

いいんですかぁ！！！！！

嬉しいです♪

DJ宇宙

## ありがとうございます♡」

「よし、これで潜在意識の汚部屋にあった飲みかけのペットボトル５本分くらいの自虐口ぐせのゴミは片付いたはずだ。

この片付け始めた時期、つまりタイムラグの時期っていうのは、できないことにばかり目が行きがちだ。

だが、ここで、できたことに目を向けられるやつは、必ず、その先で大きな奇跡を体験することになる。

おまえらは諦めない限り、わらしべ長者だからな」

コイケのおひとり様
居残りテンションアゲアゲ
ラジオ

# いい言葉で自分を洗脳すれば何だってかなう

ドS本は本来、口ぐせを変えて人生を変えてきた僕の借金返済人生を皆さんにお伝えするために生まれました。

人は、自分の言葉に洗脳されて生きているから、「自分はダメだ」と思えばダメになるし、「いけるぞ」と思えばいける。

積み重ねてきた言葉の数だけ、宇宙に願いをオーダーし、それがかない続けているんですよね。

時折、こんな人に出会うことがあります。

どんな話をしたとしても、「え？　でもそれって、無理じゃない？」って言う人や、夢を語る人に「そんなのできるわけないじゃん」「それってダメだよね」と言う人。これね、ほぼほぼ無意識なんですよね、本人は。人にダメ出ししているうちに、無意

識のうちに、自分を否定し、宇宙からの奇跡だって「受け取り拒否」をしてしまっているからコワイ！

何度か言っていることですが、**宇宙ってね、「主語を理解しない」んです。**

言葉に乗っているエネルギーをただただ増幅させるだけなので、それが、人に対する「あの人って最悪」とか「あれってダメだよね」も、自分に対する呪いの言葉になってしまうんです。「最悪」「ダメ」がどんどん現実化します。ね？ こわいでしょ。

でもね、逆に言えば、**いい言葉で自分を洗脳すれば、何だってかないますよ**って話でもあります。

だからこそまずは「ありがとう」を言おうよってことなのですが、それでも、何をやっても奇跡なんて起きないっていう人は、「ありがとう」と同じくらい、いやもっとたくさんの「えー、それってダメじゃなーい？」って言ってるかもしれないって考えてみてください。

そして、意識して、現実の中で起きているすべてのことを奇跡として受け取る言葉を使ってみるといいと思うんです。

僕は日頃、どんな話にも、どんなものにも、まずは「**いいね！　それいいね！**」って言うようにしています。たとえば、誰かが言ったことに対して、僕はそう思わなかったとしてもですよ、まずは「いいね！　それいいね」です。必要なら、その後に、「あ、僕なら～」と続けるようにしています。

それから、最近のお気に入りの口ぐせが、ここでご紹介した

**『え～～～っ！！**

**いいんですかぁ！！！！**

**嬉しいです♪**

**ありがとうございます♡』**

これね、日頃からついついなんでも「すみません」「いやいや私なんか」って言っちゃっている人にすごーく効果的ですよ。

「えーいいんですかー？」は、超絶ポジティブな受け取り言葉で

す。

そして、これが口ぐせになると、何度も何度も、「えー！　いいんですかー？」っていう状況が訪れます。

「ありがとう」や「えー！　いいんですかー？」って言葉も、立派なオーダー。

そう、オーダーしたカツ丼がオーダーした分だけ出てきてしまうように、オーダーしたことは必ず現実になるんです。

**宇宙はいつだってオーダーが先で、現実が後。**

この言葉が口をついて出てくるように、ぜひとも、日々練習してみてください。

そうそう、この口ぐせね、僕がやっているオンラインサロンで実験してもらったんです。

朝、家を出る前に、この言葉を玄関で言ってから出かけるようにしたメンバーの人たちが、すぐに本当にあれもこれもといいことが続出したりして、効果抜群を実感しています。

## 「損したくない」は「損してしまうオーダー」

もうひとつ、〝これをやめたらうまくいく〟っていう口ぐせ。

それは、「損したくない」です。

口で言っていなくても、損はしたくないっていう思いは、言葉の端々にオーダーとして漏れ出てしまうんです。

「え、なんで自分だけやらなきゃいけないの」

「あの人だけずるい」

これらは、「損したくない」と思っている人がよく口にしてしまう言葉です。

これは、仕事をするときも、婚活をするときも同じで、「損したくない」っていう理由から行動を起こすと、一番損することに

なります。だって、いつだって「損するかもしれない」って思いながら、「自分だけやらなきゃいけない」とか「あの人だけ得してる」とか、損をするための言葉を口にして、オーダーして、現実を生み出してしまうからですね！

　そして、この「損したくない」は、「妨害口ぐせ」でもあります。

　人が得をしていると思ったときに、それが許せなくなって、人の妨害に走り、自分の宇宙をないがしろにしてしまったり、何かにつけ「やったら損かも」「自分だけ損かも」と、やらない選択をしたり。人のことも、自分のことも妨害するおっそろしい口ぐせなんです。

　思い当たる節がある人は、一度、真逆のことを口に出してみましょう。

「損してもいい」ってね。

　そして、できごとを「損」と捉えるくせを意識して矯正してみてください。

例えばね、コイケ、先日、ネットショップで間違えて、全く同じスニーカーを2足買ってしまったんです。こんなとき、「ああああ、損した！」って思いがちなのかもしれませんが、コイケは真逆のことを考えました。

「あぁ！　このスニーカー、きっと、5年後くらいにまた履きたいって思うのかも！　5年後には製造してないかもしれないから、僕は今2足買っといたんだな――。ナーイス！」

こんなふうに、すべてのできごとを「ナーイス！」にしてしまうと、損をするという概念が自分の宇宙からなくなります。

つまり、一切オーダーされなくなるので、損しなくなるんですねー。この面白さ、ぜひ体験してみてください！

メガネをかけて世界を見ると、あちこちでお母さんの声が聞こえてきた
私の不安や心配は昔聞いたお母さんの声そのもの
あなたにはできないでしょう？
失敗したらどうするの？
そんなの無理に決まってるわ
私を心配して言ってたんじゃないお母さん自身が、いつも不安だっただけだ
幼いミミさん
なのにずっと私は、過去のお母さんの言葉で不安になっていた
う〜ん
その気づきによって翌日変化が起きた
ミミさんこの後って時間あるかしら？ランチでもご一緒しない？
憧れのピラティスの先生

えー!?
いいんですかー!?
（な、なんで私なんですか!?）
勝手に変換！
嬉しいです♪
（私なんかとてもじゃないけど）
ありがとうございます♡
（無理です無理です！）
わ～嬉しい♡
じゃあこの後
ランチ
行きましょう！
あれ？
私、言ってる
ことが
変わってる！
私の「私なんて」
はことごとく
えーーー!?
いいんですかあ？
嬉しいです♪
ありがとう
ございます♡
勝手に変換されていき、
それによりいいことが起きるようになり
あ！ ミミさん！
実はピラティスの
インストラクターを
探してて
よかったらうちで
週2レッスン
お願いできない？
いいんですかあ？
嬉しいです♪
ありがとう
ございます♡
えーーー！
いつの間にか
口ぐせになって
いたのでした

# 「ほらやっぱり」は負のループ行きNGワード

**DJ宇宙** 「しかし、人間ってのはあれだな。『ほらやっぱり口ぐせ』を使っているやつが多いなあ」

**コイケ** 「ほらやっぱり口ぐせ?」

**DJ宇宙** 「『ほら、やっぱりうまくいかなかった』『ほらやっぱり私はダメだ』ってやつだな。
これはなー、別名『言ってやる口ぐせ』って言うんだがな、その口ぐせを言うために、失敗を宇宙にオーダーしているっていう
この宇宙の中でも不毛中の不毛の口ぐせだ」

**コイケ** 「あああ、僕が借金時代に言っていた

『ほらやっぱりお金がない』っていう言葉もそうか。
確かに言えば言うほど、借金が増えてた。
お金を得ようと頑張ったときほど、落胆して、
自分を見下すように『ほらやっぱりな』って言っていた気がする」

DJ宇宙
「『ほらやっぱり』がオーダーになっているから、結局、どれほど頑張っても、
『ほらやっぱり』と言うハメになる」

コイケ
「ダメになるために頑張るなんて不毛すぎる！」

DJ宇宙
「おまえは、わらしべ貧者だからな。
『やっぱり』を辞書で引いてみろ」

コイケ
「ええっと、
【やっぱり】予測したとおりになるさま
そうか。『やっぱりお金がない』『やっぱり自分はダメだ』って
何度も言い続けて、何度もそれがかなって、
借金が2000万円に膨らんだんだなあ」

DJ宇宙
「だから、『やっぱり』っつーのは、

起きてほしくないことについては絶対に使ってはならん。起きたことに対して『やっぱりなあ』と言ったら最後、それが予告編になって、次も必ず予測したとおりになるぞ」

**コイケ** 「ひえええええ」

**DJ宇宙** 「この『やっぱり』って言葉をなんとかしたいなら、『やっぱり』のあとに、ポジティブな言葉を続ける意識をすることだ。『やっぱりうまくいった』『やっぱりお金は入ってきた』ってな」

# 「心の誤動作」のせいで起こる条件反射の恐怖や不安

**コイケ** 「宇宙に明確な願いをオーダーして、ヒントを受け取って、行動すればかなうのが宇宙だっていうのに、人って、頑張ろうって思っても、怖くて仕方がなくて動けなくなったり、できる気がしなかったりしますよね。
宇宙のシステムとはどうも逆行している感じがしますよね」

**DJ宇宙** 「それが、心の誤作動ってやつだなあ。
これが、本当に厄介なんだわ」

**コイケ** 「心の誤作動?」

**DJ宇宙** 「まあ、わかりやすく言えば条件反射だな。

あ！　ゴキブリ」

**コイケ**「きゃーーーーーきゃーーーーー」

**DJ宇宙**「それだ、それ、そういうやつ」

**コイケ**「え？　うそ？　ほんと、やめてください」

**DJ宇宙**「この条件反射は、放置しておくと、ずーっと反応し続けちまうからな」

**コイケ**「えええええ、じゃあ、頑張ろうとしているのに

ずっと動けないままだっていう人がいるってこと？

それはどうやって、打ち勝てばいいの？」

**DJ宇宙**「条件反射には条件反射で対抗しろ。

コイケがガンガン借金返済してたときにやっていたこと、

オレ様が教えてやった技、覚えてるか？」

**コイケ**「朝絶対にジョギングすることでしたっけ？」

**DJ宇宙**「そのとき、どんな設定を宇宙にオーダーしてた？」

**コイケ**「オーダーですか？　そうですね。

**『ジョギングしたら、その日はいい日』って決めてました。**

おまじないっていうか、願掛けみたいな感じだったかな」

DJ宇宙「そう、それだ！

**『●●をすればいい日になる』という設定こそが、心と体の誤作動を正しい状態に戻すための条件反射の新設定だ。**

心は身を守るために常にネガティブに引っ張られるから、日々調整が必要だ。スポーツ選手がルーティーンを行うのも、『これでうまくいく』っていうオーダーをして、常に心の設定をメンテナンスしてるっちゅうわけだな」

コイケ「ああ、常に設定をメンテナンスすることで、反射的な心や体の誤作動がなくなるんですね」

DJ宇宙「ご名答。コイケヒロシ君には番組からステッカーを送っておきます。番組は引き続きDJ宇宙がお送りします」

コイケ「あ、忘れたころにやってくるラジオ芸」

DJ宇宙「ゴキブリが出たら怖い、だから叫ぶ、が反射だったら、ゴキブリが出たら世界一のお金持ちになれる、って

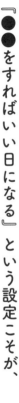

設定し直しゃいいんだよ」

コイケ
「それにしても、誤作動って何で起きるんですか?」

DJ宇宙
「まあ、わかりやすいところで言えば、
地球に来てから学んだ生きる術だな。
たとえば、ライオンから襲われそうになった動物は
1)逃げる　2)戦う　3)固まる
のどれかの行動を取る。
この3番がな『凍りつき症候群』って言うんだ。これは人間にも起きる」

コイケ
「凍りつき症候群。脳が止まるってこと?」

DJ宇宙
「脳はフル稼働だ。
目の前の危険に対して、過去の経験や対処法を思い出し、現状を確認し、展開を予測。これを、ものすごい勢いでやろうとする。
だがな、危険な状態で思考が整理されないと、
人間の心と体は緩い麻痺《まひ》状態になっちまうんだ」

コイケ
「危険なのに麻痺するの?」

DJ宇宙「危険が身に迫ったとき、人間の取る行動は3つに分かれると言われている。落ち着いて行動できる人間はなんと10〜15%程度、我を失って泣き叫ぶ人間が15%程度、そして、茫然自失で固まる人間が70〜75%程度もいる」

コイケ「そ、そんなに？？？？」

DJ宇宙「これは脳の誤作動だ。脳が空転状態で、心と体が麻痺してしまう」

コイケ「でも、僕らは常にそんな命の危険に晒されているわけではありませんよね？どうして日常でも怖くて動けないってことが起きるんですか？」

DJ宇宙「人間は、ものすごく脳が発達した生き物だからな。子どものころから、自分が生き延びるにはどうしたらいいか、ものすごく考えて、危険を回避する方法を身につけている。失敗したときにものすごく怒られた経験があるなら、失敗を想定したときに固まってしまったりするわけだな」

コイケ「ああ、その方法を覚えてしまったら、大人になっても、反射的にそうなってしまうってことですね」

## 心の誤作動がなくなっても行動が変わらない衝撃の理由

DJ宇宙

「だがな、もうおまえら子どもじゃないだろ？
実際には、失敗しても、ちゃんと自分でどうにかできるわけだ。
だから、その感情はまやかしだ。ただの過去の記憶の残像でしかない。
今でもまだ、前の自分のように感じているだけだ」

コイケ

「ずっと残像を見ている感じですね。
残像を消すにはどうしたらいいんでしょうか」

DJ宇宙

「**感情っていうのは、**
**左右されるものではなく使うものだと心得よ。**
反射的に感情が動いてしまったら、

その感覚のまま行動するんじゃなくて、
3秒くらい、考えてみてから使え。
**『これは残像。今はもう違う』**って自分に言い聞かせろ」

コイケ 「なるほど」

DJ宇宙 「そして、それが残像であることを確認するためには、
やっぱり、勇気を出して、行動してみるしかない」

コイケ 「そっか。あ！ 変わってる！ って、体験するしかないんですね」

コイケのおひとり様
居残りテンションアゲアゲ
ラジオ

# 「新しい世界には行きたいけど怖い」のが人間

宇宙について知って、自分の本当の望みについて考えはじめたとき、ちょっと「チグハグした時間」を過ごす時期があるんです。

なぜかっていうと、宇宙に願いをオーダーして、ヒントを実行しても、心の反応ってやつは「え、やっぱ怖いよ」「え、やめておこうよ」って、今までと同じ反応をしちゃうから。

コイケももちろんそうでしたよ！

そりゃあもう、「借金返して幸せになる！」って決めているのに、「借金がなくなった安心安全の生活が怖い」という心の誤作動。

なんでそうなるの？　って思ってましたが、今ならよくわかります。

**人ってね、不安や恐怖で心の容量を埋めておきたい**

**傾向があるんです。**不思議でしょ。なぜかっていうと悩みや恐れ、不安がなくなったら、「暇」になっちゃうからなんですね。暇になっちゃったら、はたまた、本来自分が地球に来た目的に向き合わなきゃいけなくなるから。

「なんじゃそら?」ですよねー。地球にはたくさんのアトラクションがあって、テーマパークみたいに遊び放題の場所なのに「ごめん、ケガするのが心配だから、入口のベンチで待ってる」って、どういうことよ? って思いますよね。

だけど、残念なことに、**僕らが地球にやってきて授かった「心」ってね、かなーり臆病で、怠けものなんです。**

というのも、この地球上では魂の乗り物である体があってこそ、体験を楽しめる。**心はその「体」が壊れないように守るお役目があるから、悩みや恐れ、不安をたくさん生み出しては、「ほら、だから動けない」と、現状にとどまろうとします。**

心は、なるべく、いろんなことが「面倒だなあ」と思うように仕向けます。

そのほうが、安全だって思うからです。

**「悩んでて忙しいからいつかやるね」**

って、やりたいことをやらない、行きたい場所に行かない。あの時計も手に入れないし、あの車にも乗らない。パートナーとのウキウキラブラブ生活も送らない。

――そうやって、いつの間にか、寿命が来て宇宙に帰る。

ね？　これぞ「心」のせい。お役目ゆえの心の誤作動です。でもそれって、超ウルトラスーパーもったいない話ですよね！

## 過去の「残像」が消えたとき、現実はガラリと一変している

「ありがとう」っていう愛のエネルギーが徐々に心に浸透していくと、「足りない」と思っていた感覚が埋まっていきます。そうすると、足りないものを補おうとして必死になっていた幼少期の「心残りちゃん」が「心満ちゃん」になって、安心して、自分が自分の思うような人生を送ってもいい人間だと思えるようになります。

幼少期の母親を罰したい、または助けたい、と思っていた心が癒されて、やっとこさ、自分の本来のシナリオに戻ることができるんです。

過去の残像を消す方法ってね、実は1つだけなんです。

それはね、**現実が変わっていることを体験すること**です。

例えば、学校で、友だちと喧嘩《けんか》して、家に帰ったときって、友だちがまだ怒っているかどうかなんてわかりませんよね。

だけど、心は一晩ずっと喧嘩したときの残像に囚《とら》われてしまう。

謝っても許してくれないかもしれない。
今もすごく怒っているかもしれない。
だって、あのときすごく怒っていたから。

一晩中眠れずに、「ああ、明日学校に行っても、まだあの子は怒っているかもしれない」と気に病んで、朝、不安な気持ちで学校まで行くとします。

で、いざ、友だちが現れて、「あのさー、昨日ごめんね。自分も悪かったなって思って」って言ってきたとしたら……。そのとき、どれほどほっとするでしょう（ああ、書いていて、僕も今、すごーくほっとしました）。

人生が変わるときって、こういう感覚なんですよ。

僕は、自分の人生に借金の取り立てがこない日が来るなんて思ってもみませんでした。でも、頑張って借金を返しまくっていたら、その日が来たんです。

「あれ???　今月、誰も取り立てがこない!」

あのときの感動はね、筆舌に尽くしがたいものがあります。


これって、誰にでも起こります。

親との関係だってそう、仕事の環境だってそう。

すんごくつらくて、嫌で仕方なくて、自分の心と向き合って、宇宙のことを学んで、オーダーして、行動して。

そしたら、顔を合わせる度に喧嘩していた親が、「いつもありがとう」って言ってきたりする。仕事先のイヤーな上司が定年退職したり、そうやって、現実が変わっていくんです。


今回ゲストとして登場してくれたミミさんがまさにそうでした。

この本を制作するためにお話を聞いているときはまだ「お母さ

んにはピラティスの講師をやっていることは話せていません。『副業なんてやって大丈夫なの？』『あなたに教えることなんてできるの？』『あなたには無理』とか、言われるから」って言ってたんです。が、「オーダーして、行動して、実際に現実が変わっているかどうかは、試してみないとわかりませんよ」とお伝えしたら、「これからお母さんに電話してみます！」って、勇気を出して行動に移しました。

そうしたら、お母さんの反応は一変していたんです。

「そうなんだ。すごいね！　何人くらいに教えているの？　ダブルワークが大丈夫ならよかったね。頑張ってね」

心配ばかりしていたお母さんがまるで別人のよう。そう、ダメ出しをするお母さんは過去の残像だったわけです。

これまでは、ミミさんが「私なんてダメかも」をオーダーし続けていたから、**お母さんはミミさんのオーダーをかなえるために、心配したり、ダメ出ししたりする役を買っ**

**て出てくれていた**わけですね。

そう、お母さんがダメ出しをするからダメになるんじゃない。

自分が「私はダメ」をオーダーし続けるから、お母さんがそれを手伝ってくれるわけですよ。**どこまでも、逆から見た方が、正解。**

**「逆ナンデス」！**

過去は残像です。

だから、変化した現実を疑わずに受け止めてみる。

そうすると、いつの間にか、過去のつらい残像はすっかりなくなっていて、自分の目の前には幸せな現実だけが広がっているんです。

**その日は必ずやってくる！**

**そう、宇宙にオーダーして、**
**行動し続ければ、必ず！**

## 今週の逆！

「いいことが起こった」から
「いいね！」だと!?
逆だ、逆！
「いいね！」といっているから
「いいことが起こる」が正解。
宇宙はすべて発信が先、
現実は後、だ！

Chapter
5

# 「親の箱庭」から今すぐ出よ！

結婚がかなわないとき
何が起こっているのか

さて、今回のゲストはアリサさんです！
アリサさんは40歳になる数日前にエリート経営者と破局！
過去には35歳で結婚直前で破局！
もう消えてなくなりたいです
20代でドイツ人と結婚式直前に破局！
結婚相談所に登録し10年間で数百人と会うも結婚できず
友人の紹介やマッチングアプリで頑張っている、と
習い事やファッション、自分磨きも頑張っているのに結婚できないんです！

なんでこんなに努力しているのに結婚できないの？
こりゃ完全に
「親の庭から出たくない現象」だな！
これかけろ
はい
ぐるぐる
ぐるぐる
ぐるぐる
ああああああ
何コレ!?
シュタッ
+5
+5
目の前に現れたのは幼い頃の私？
お母さんがかまってくれるまで私絶対にここから出ない！絶対絶対お母さんの庭に居座ってやる！
あれ？ 私まさか「結婚しない」ってオーダーしてる？

# 結婚できない理由は、結婚できないことで「何かを得ている」から

DJ宇宙「ということで今日も始まりました。
『ドSの宇宙さんの逆転ラジオ』。
この番組はDJ宇宙がお送りしています。
誰かの箱庭じゃなくて、自分の庭に出ようぜ！
宇宙スパルタ教育のご相談や曲のリクエスト、お待ちしてまーーーす！」

コイケ「宇宙さん、ズバリ、結婚したいけれどできないっていう人は、
何で結婚できないんでしょうね」

DJ宇宙「結婚したいけれどできない。

それがそのままオーダーになってるからだろうが。バカなのか？」

コイケ「いやだから、そういう話じゃなくって」

DJ宇宙「まあ、あれだな。**親の庭から出たくない**ってのも理由の一つだろうな。『おかーさーん、もっとかまって』だ」

コイケ「え、婚活して何百人と会っていて、本気度伝わってくるんですけど、その根底にあるのが、お母さんにかまってほしいってどういうこと？」

DJ宇宙「結婚したいのは本当だろうし、それが、もともとこの地球で体験したかったことには違いないんだろうが、**心の中で『もっとお母さんからの愛が欲しい。もっとお母さんから愛されたい。まだ私にはお母さんからの愛が足りない』って思っているからな**」

コイケ「なるほど。『結婚して幸せになる』がオーダーのはずなのに、『お母さんに愛されたい』っていうもっと強いオーダーが通ってしまっているってことですかね」

DJ宇宙「まあ、そんなところだ」

コイケ「お母さんに愛されたいと思うと、
なぜ、結婚に行きつかないんでしょう。
お母さんが喜んでくれて、幸せを願ってくれるなら、
それは、お母さんに愛されていると実感できるし、
幸せになれる結婚だと思うんですが」

DJ宇宙「それはだな、独身のうちっていうのは、
たとえ、ひとり暮らしをしていても、魂的には
親の宇宙の庭に間借りしている状態だ。
そこで、結婚したら、どうなる？」

コイケ「うーん、親の庭から出て、
自分とパートナーとで、自分たちの宇宙が交差する、
新しい家族の庭を共有する感じですかね」

DJ宇宙「そのとーり。そうするとだな、今ここで結婚して親元を離れると、
『お母さんの庭から出てしまったら、

お母さんは私のこと忘れてしまうかも。
どうでも良くなってしまうかもしれないし、
もうかまってくれなくなる』っていう恐怖が生まれる」

**コイケ**
「だから、親の庭から出たくなくて、
結婚しないように自分で仕向けてるってことか！」

## どんな過去だろうと「すべての過去は100点満点」だ

**DJ宇宙**
「それに、これまで何度も言っているが、
人間ってのは、なぜか、未知の幸せよりも、
既知の不幸の方が楽だと思いやがる。
既知の不幸の方が安心だからな」

**コイケ**
「既知の不幸……アリサさんの場合は、

母親から愛される努力を続けている状態が実は
慣れ親しんだ既知の不幸で、その状態を続けようとするから、
結婚できない……なんか、すごい堂々巡りな感じですね」

DJ宇宙

「親を『結婚しないための言い訳』に使ってしまっているとも言えるな。
アリサの場合は、顕在意識でまず心から『結婚したい』と願った。
だから、結婚するギリギリまでは辿り着けた。
だが、心が『結婚したら母親との縁が切れてしまう。
そうなったらもう一生愛されない。それは怖い。
だから、やっぱり結婚なんてやめよう』って思ってしまったわけだ」

コイケ

「僕も近い経験有るからわかるな〜〜気持ちは。
でも『自分自身が幸せに成らなければ！！』
『僕自身が幸せになろう！』って決めたら
本当に素敵なパートナーが現れて幸せな結婚をしたんだ！」

DJ宇宙

「そう。地球で過ごした時間の中にある心残りや
思い残しってのは、本当に厄介だ。

今現在の宇宙は自在につくることができるっていうのに、
これまでの道のりに100点を出せずに
100点になるまで過去を変えようとして、今を堪能できない」

**コイケ**
「100点を取るために、自分が本当に求めているパートナーではなくて、
親が納得して自分を認めてくれるであろう相手を探してしまうわけですね」

**DJ宇宙**
「いいか、覚えておけ！
どんな過去だろうと、過去はすべて100点だ」

## 「理想の相手」は〝引き寄せる〟のではなく〝つくり出す〟が正解

**DJ宇宙**
「スピリチュアルってのは本来、
自力や他力を活用して行動し、とことん現実を生きるってこと
なんだが、それも勘違いしているやつが多すぎる」

コイケ「それは確かにそうかもしれません。
引き寄せっていう言葉の勘違いというか……」

DJ宇宙「おまえがおまえの宇宙を創っているんだから
『自分の宇宙は自在に創る』っていう意識でいる方が簡単だ。
ただ、オーダーして待ってるだけで、王子様が現れるわけがねーだろ。
ここは行動の星。絶対に行動がセットだ。
では、ここで、アリサさんからのリクエスト。『待つわ』」

コイケ「うわぁ、シュール」

DJ宇宙「もちろん、理想のパートナーを宇宙にオーダーするのは大歓迎だ。
できるだけ、リアルに、自分の理想のパートナーとの生活を思い描け」

コイケ「まるで、その相手がすでにこの世界にいるかのように、ですね」

DJ宇宙「**思い描けた時点で、その理想のパートナーは**
**そいつの宇宙に創り出されるからな。**
あとは、眠り姫のように寝て待ってるんじゃねえぞ。
ちゃんと探しに行け！

待ってたって永遠に来ない。
自分から行動すれば縁ちゃんが必ず
縁を繋いでくれるからな」

縁ちゃん
「そうよ。せっかくオーダー
いただいて、お膳立てしても、
その場所通ってくれなかったら出会
わせられない
ってこともあるのよ」

コイケ
「わあ、でた！　縁ちゃん！」

**縁ちゃん**「オーダーして行動してくれたら、
ちゃーんと烏天狗ちゃんと協力して、
オーダー通りの人と繋ぐんだから、まずは、オーダーして欲しいわね。
だって、オーダー通りの人を探すのは難しくないのよ」

**DJ宇宙**「さすが縁ちゃんだな」

**縁ちゃん**「そりゃあそうよ。
それぞれ、自分の宇宙を創り出しているんだから、
その相手も、オーダーした瞬間に生まれてくるんですもの。
この『生まれてくる』っていうのは、もうすでに出会っているお相手が、
あなたを意識しはじめたり、友達が理想の相手になって現れたりっていうのも含まれるから、自分で勝手に制限しないでね。
私たちは、出会わせるために一肌脱ぐだけよ」

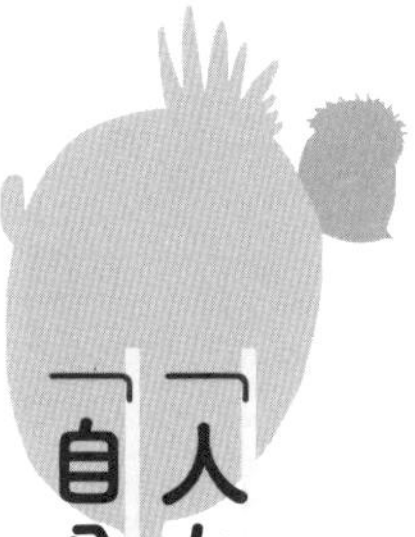

# 「人からどう見られるか」でなく「自分が幸せか」だけ考えろ

コイケ　「ちなみに、年齢を重ねれば重ねるほど、
結婚相談所などでは『高望みしてはいけない』
『自分の市場価値を考えなさい』
みたいに言われることもあるみたいですね。
思い描くパートナーがありえないような王子様のような人だと
やっぱりかないにくいんでしょうか」

DJ宇宙　「ああ、そのことか。それはだな、
高望みと本来の自分の理想のパートナーとがごっちゃになってるだけだ。
**高望みってのはあくまでも他者の価値観だ。**
**理想のパートナーってのは自分にとって必要なオーダーだろう？」**

コイケ　「なるほど。

世間の価値観の中での『素敵な人』を選ぼうとするのは高望みだけど、自分の人生の中に『こういう人がいてくれたら嬉しい』って気持ちでリアルに思い描くことが大事ってことですね」

DJ宇宙「そうなんだが、世間の価値観に振り回されていると、そこから抜け出すのがなかなか難しい。

年収や容姿、スペックで選べば幸せになれるっていうのが大きな勘違い。それよりも、自分にとって何が相応しいと思っているか。

**『自分は、大事にされるわけない』っていう前提があると、いいやつに出会っても、DVやモラハラに遭っちまったりするわけだなあ**」

コイケ「ああ、いい相手を選ぼうと頑張っても、結局は、自分のオーダー通りになってしまうわけですね」

DJ宇宙「日々口に出していることっていうのは、心で信じていることだからな。『大切にされる結婚をしました』って、過去形でオーダーしたとしても、普段口にしている言葉が

コイケ 『私なんて』とか『やっぱり無理』だとしたら、どっちがかなうと思う？」

DJ宇宙 「そりゃあ、心で思っていることと、
口に出していることが一致している方が強いですよね。
自分の本当の求める相手をオーダーするコツってあるんでしょうか？」

コイケ 「どういう相手と一緒にいれば自分が心底幸せで、
安心して暮らせるのか。それを、まずはリアルにイメージしろ！
そのとき、大切に扱われて幸せでいる自分を思い描いたときに、
心がざわついたら、それは、心は『そんな状態なんてありえない』って
思っているってことだ」

DJ宇宙 「心がざわついたら、どうしたらいいんですか？」

コイケ 「思い出してみるがいい。親の結婚についてどう思っていたか。
親の結婚が不幸だったって思っているやつは、大抵、
『私もいい結婚なんてしない』とか、思ってやがる。
親ってのが、一番身近な夫と妻だからな。
または、夫とはこういうもの、妻とはこういうものという前提を親の結婚か

ら学んでしまっている」

**コイケ**
「ああ、だから、母親がいつも父親のギャンブルで
大変な目に遭っていたら、
子どもは『男ってギャンブルで女を苦しめるものだ』とか、
『夫ってのは妻を苦しませるものだ』と、心で思ってしまうんですね」

**DJ宇宙**
「親の結婚を踏襲する必要などない。
だから、親の結婚から勝手に取り入れたものがあるなら、
親に、心の中で、きちんと返せ。
**『このイメージはあなたたちの結婚で、**
**あなたたちの結婚はあなたたちのもので、**
**私の結婚ではありません。**
**私が勝手に取り入れた結婚のイメージを、**
**お父さん、お母さんにお返しします。**
**私は私の理想の結婚を選びます』**
そう、宣言をしろ」

コイケのおひとり様
居残りテンションアゲアゲ
ラジオ

# 自分の宇宙なのに、他者目線に振り回される僕たち

「つまらないものですがー」って手土産を渡したことってありますか？

これねーーー、絶対やっちゃダメなやつです。

実は、自分に自信がないときって、これをやってしまうことがあるんです。

もちろん、実際にお土産を渡す場面だけではありません。

人とコミュニケーションをする様々な場面で、自分をつまらないものとして相手に差し出すと、

「ああ、つまらないものなんだ。なんだ、じゃあいらない」

「なんだ、つまらないのか。じゃあ雑に扱おう」

と、自ら「大事にしてもらわない選択」をしてしまいます。

「好きなものを選んでいいよ」と言われているのに「えええ、私にはもったいないです」とちょっとランクの低いものを選ぶとか、ほめられたのに「私なんて全然」と拒否をするとかっていうのも、「つまらない私」アピールです。

**自分を「つまらない」と設定していると、小さなことから大きなことまで、「私はつまらない人間なので、そう扱ってください」というオーダーとなって、それがかない続けることになります。**

そして、ここからが問題。自分がオーダーしたことが見事かなっている状態にもかかわらず、相手に原因があると思ってしまうってこと。

「私はひどい男にばかり出会ってしまうんです」

っていうのは実は、自分が「大事にされないつまらない自分」を宇宙にオーダーし、相手はそれをかなえてくれているってことなんですが、これ、本当に、耳が痛いですよね。心も痛いです。

でも、やっぱりこれも「ああ、今起きていることはそうなのか」って、軽めに思うだけでいいんです。ただ、「そっか」っていう気づきは、宇宙に伝わって、その瞬間に宇宙へのオーダーがガラッと変わるってことはよくあります。

深刻に思い悩まなくってもいいですよって話です。

ちなみに、「自分は美しくない」「もう若くない」「自分は学歴がない」「年収が低い」などのマイナス要素と言われていることって実は、すべてただの「勘違い」ですし、「まーぼーろーしー」です。

と言うと、「え、でも、学歴ないの事実だし」とか「そうはいっても年収低いのも事実だし」とか、いろんな声が聞こえてきそうですが、これはすべてお隣の宇宙の価値観であって、自分の宇宙で採用するかどうかはすべて自分次第なんです。

だって、学歴、美しさ、若さ、年収……それらがなくても、幸せに仕事をしていたり、幸せな結婚をしている人っていますから

ね。え、いない？　それなら、狭い範囲で物事を見すぎかもしれません。広く見渡してみてください。

○○がない、と言いたくなったなら、前の章でもお伝えした魔法の言葉「だから」を使ってみてください。

「だから？　そんなものなくても、私は必ず成功するよ」

「だから？　そんなものなくても、私は最高に素敵なパートナーを見つけるよ」

ってね。結局は、自分で「決める」ことが大事なんですね。

## 「自己肯定感低いですけど何か？」で開き直れ！

自分に自信がないのは、他者より劣っているからじゃないんです。ズバリ！　**自分が自分のことを本気で応援してあげ**

**ていないから！**

自己啓発本やスピリチュアル本、心の本などでよく「自己肯定感」って言葉、ありますよね。そして、この自己肯定感を上げる方法も、たっくさん語られてますよね。

でもね、僕は、正直言うと、そろそろもう開き直っていいと思うんですよ。

**「自己肯定感低いですけど何か」**

——って、バシッと言っちゃいましょうよ！

自己肯定感って、ひとつの呪いのような言葉だとコイケはちょっと思ってるんです。

本来は、「ありのままの自分を肯定できている」「自らを積極的に評価できている」ということだと思うんですが、なぜか、自己肯定感を高めるには「パーフェクトな自分でないと無理」って思ってしまっている人が結構いるような気がするんですよね。

「自分はダメだ」という思いが浮かぶとき、そこにあるのは他者

の基準です。

他者の基準は、自分の宇宙の基準ではありません。

あなたの基準こそが、あなたの宇宙の基準です。

お隣の宇宙の基準を払拭するために、ちょっと試しに、ジャイアンになったつもりで、

「自己肯定感低いですけど何か？　歌下手でもリサイタルしますけど何か？」

と、開き直ってみてください。

なんだかちょっとスッキリしませんか？

**人ってね、この地球に生まれてきた時点で、宇宙から「どんな願いもかなえるから存分に楽しんでこい」って送り出された存在なんです。**

自分の宇宙を楽しまずに、親の影響や兄弟の影響、家庭環境のせいにして不幸でい続けたり、誰かの基準を採用して不平不満を言い続け、自己否定し続けるなんてナンセンスでしかない！

それってまるで、小学校のときの遠足で雨が降ったことを、いまだに根に持って「あの日晴れなかったから僕は不幸だー」って言い続けているようなもの。

その後、どんな素敵な日を過ごしても、「でも、あの日は晴れなかったからさー」って文句言ってるのって、さすがに滑稽すぎるでしょう?

そんなちっちゃいことは、もう、いいんです!

ここはひとつ、ジャイアン気分で、これからの宇宙を自分の思うがままに、幸せな日々にしていくことのほうが1兆倍大事ですからねーーー。

あれは、家族それぞれの宇宙が交差する場所にある「家族の庭」だ
あ……お母さんが妹ばっかり大事にしてた気がして、私ずっと駄々こねてる
そういえば小さい頃の私は、お父さんが亡くなって寂しくて
お母さんの注目を浴びたくて妹の夫よりも素敵な人を探そうとしていた
2度の婚約破棄も母に注目して欲しかったんだ
で、おまえ、このまま親の庭にいて結婚できないまま宇宙に還るつもりか？
ビクッ
アリサ！ 私たち、本当に自分が望むパートナーを探しに行こうよ！

おまえらまず、他人軸のオーダーをやめて「私は」で物事語れるようになれ！
宇宙のしくみを学び口ぐせを変えて私は少しずつ自分の本当のオーダーに気づいていった
ポーィ
その後2人の男性が現れた
イケメン！
タイプ！
もう一人はタイプじゃなかったけど
やさしい！
とにかくやさしい！
もう私は誰かと張り合う必要もない自分が幸せになる道を知っている。取り繕わなくても、私が私らしく生きられる相手と一緒に生きたい。
「この人かもしれない」
僕と結婚してください！
コレ、つけてくれるかな？
喜んで♡
はい！
ねえあなた。私たちの娘は、未来の庭で、幸せに暮らしているわ。よかった
お父さんお母さん、産んでくれてありがとう。私は夫と一緒に新しい家族の庭をつくって、幸せに生きていくね！

# 願望実現の「タイムラグ」こそ、ゴキゲンで過ごせ!

**コイケ**「宇宙さん!　ちょっと宇宙さん!?」

**DJ宇宙**「なんだコイケ」

**コイケ**「あのー、僕の目の前に所狭しと並んでいるこのカツ丼は一体!?」

**DJ宇宙**「アリサからの差し入れだ!
オレ様は教えたはずだ。宇宙にカツ丼を腐るほどオーダーしたやつは、まずは、そのカツ丼が出尽くしてからでないと、次に頼んだ本当に食べたかった冷やし中華は出てこないぞってな。
食え!　とりあえず、満面の笑顔でニコニコ食って、『マズイ、もう一杯!』つえ」

コイケ「い、いや、僕はもうカツ丼食べ尽くして、今はもうウキウキ冷やし中華時代なんですけど。全部おいしくいただいてますよー　笑顔でね！」

DJ宇宙「笑いながらカツ丼食うってなかなか怖いな」

コイケ「ちょっと！」

DJ宇宙「しかしだな、宇宙に願いをオーダーした後に起きるタイムラグを乗り切るのはこれが一番なんだわ」

コイケ「どういうこと？」

DJ宇宙「いいか。**宇宙に願いをオーダーしたら、そのオーダーが通って、願いがかなうまでにタイムラグがある。それは、過去にオーダーしたことが先に出尽くしてから、新しいオーダーがかなっていくからだ。**

そして、最近、願いがなかなかかなわずに諦める人間の共通点をオレ様は発見したわけだ」

コイケ「えええええ、僕のときは教えてくれなかったやつ？」

DJ宇宙「まあ、おまえは、確かに、オエオエしながらもまあまあ楽しそうにカツ丼食ってたからなあ。

だが、たいていの人間は、

新しくオーダーした冷やし中華が出てこず、

以前の自分の古い価値観でオーダーしたカツ丼を食べ尽くしている間に、

だんだん、つらくなる。つらくなって、自分を責めたり、諦めたりする。

これがなあ、ダメなんだわ」

コイケ「ああ、だから僕に今、笑顔で食えって言ったわけですね」

DJ宇宙「オーダーして、行動したら、そのオーダーは必ずかなうってんのに、カツ丼食ってる間に、『この先ずっとカツ丼しか出てこないのでは』と疑い始める。だから、余計にカツ丼を食うのがつらくなる。

これが、笑顔で『いや、カツ丼もうまいんだよ』って食ってるやついたらどうよ？」

コイケ「ああ、確かに、お店でカツ丼何十杯も、笑顔でおいしそうに食べて、さらに冷やし中華を注文している人がいたら、お店の人も嬉しくって、お茶出してくれたりしそう。

さらに、『冷やし中華、おいしくしときました』とか言われそう」

**DJ宇宙**

「そう、その通りなんだわ。

**だから、タイムラグの時期こそ、嬉々として過ごさなくてはならん。**

**『いいことがあったからニコニコする』なんてケチなこと言ってんじゃねえ。ニコニコするのも『先払い』だって教えただろ。**

先にニコニコするから、ニコニコするような状況がやってくる。

だから、ニコニコしながらカツ丼を食え！」

## 見えない応援者「おかげ様」たちは、いろんな顔で現れる

**コイケ**

「何年も、願いがかなわずにいる人って、何が間違っているんでしょうね」

DJ宇宙「そうだなあ、おかげ様の活用法が間違ってるんじゃねーか」

コイケ「おかげ様の活用法？」

DJ宇宙「そうだ。おまえら人間は、今同じ地球上にいる人間同士で、
互いのおかげ様としても存在している。
縁ちゃんが縁を繋ぐおかげ様であるように、
それぞれのおかげ様には得意分野ってのがある」

コイケ「ああ、確かにそうですね。
縁ちゃんに、車が壊れたから直してーってのは酷ですよね」

DJ宇宙「そうそう。オレ様に優しくしてーってのも同じぐらい無理ゲーだ」

コイケ「そ、それは無理ゲー」

DJ宇宙「それに、**おかげ様がいつも善人であるかっていうと**
**そういうもんでもない。**
おまえにとってのおかげ様が、おまえにア●ムやレ●クで
600万も借金させた上に手数料持って消えた
悪徳コンサルであるように、ものすごーくひどいやつだっている」

コイケ　「今となってはコイケ史上10番目に入るおかげ様です」

DJ宇宙　「結婚だってそうだ。
幸せな結婚をオーダーしたのに、
彼氏がDVになったり、婚約者が突然去ったりすることもあるわけだ。
そいつを選ぶと望む場所に辿り着けないからってこともある」

コイケ　「渦中にいるときは、なかなかそう思えなさそうですね」

DJ宇宙　「まあ、すべては結果から見てどうかって話だからな。
願いがかなってから全体を俯瞰してみてみたら、
アーラびっくり。
どんなひどいやつも、今の幸せにたどり着くために、

めっちゃくちゃ必要な

コイケ　おかげ様たちだったわーってなる」

「おかげ様っていうのは、縁ちゃんや烏天狗のように

神風で応援してくれるってだけでなくて、

**すべての人がおかげ様だ**って僕は宇宙さんに教えてもらいました」

DJ宇宙　「日本には八百万の神の信仰があるが、

これは、すべてのものが自分にとっておかげ様として

存在しているっていう意味でもある」

コイケ　「おかげ様に上手に助けてもらうには

どうしたらいいんでしょうか」

DJ宇宙　「そうだな、それは、いつも言っているが、

自分のオーダーがかなった人間に力になってもらえ」

コイケ　「たとえば婚活だったら、今、超絶不幸せで、

夫は酒乱のＤＶで、離婚も考えているというやつに相談に行っても

『結婚なんていいものじゃないわよ』なんて言われるってことですよね」

DJ宇宙「その通り。そして、婚活がうまくいっていないやつ同士で、出会った相手の文句を言いながらパンケーキ食うなんて言語道断だぞ」

コイケ「確かに」

DJ宇宙「だから、幸せな結婚をしたかったら、自分の理想の結婚をしているやつのところに行って、どうやったのか聞いてこいっつってんだよ。聞いてきたことを一つずつ実行してみると、だんだんわかってくることがある」

コイケ「何ですか？」

DJ宇宙「それはだな、経験値による自分に合う合わないの感覚だ。『あ、このやり方は自分には向いていないかも』とか、『自分だとこっちの方がいいかもな』ってやつだ」

コイケ「なるほど。的確な人に聞いて、行動して、トライアンドエラーで、自分の目的地を明確にして、行き方を調整していくってことですね」

**DJ宇宙** 「そうそう。その過程を楽しむことこそが、
この地球にきた醍醐味だからな。
聞いてきて、やってみて、ダメだったから
『もうだめだ』ってのが一番ダメだからな」

**コイケ** 「なるほど、**願望実現は道のりを楽しむことが大切なんですね**」

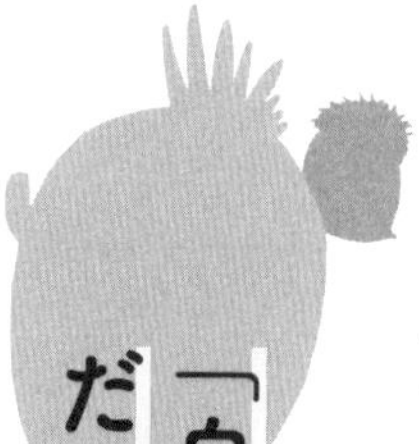

## 「自分以外みーんな超幸せ」だったらどうする？

**DJ宇宙** 「もうひとつ、人ってのはな、互いにちょっと不幸な人間とつるむと、
つい安心しちまう生きものなんだわ。
『あの人も不幸だから、まあ、私も不幸でいっか』てな具合だ。
本当に、心っていうのは、どこまでいっても怠けようとしやがるからな」

**コイケ** 「なんか、本末転倒ですね。

その怠けぐせはどうやったら解消できるんでしょうか」

DJ宇宙
「それはだな。

**『自分以外はみんな幸せ』**とつぶやいてみることだ」

コイケ
「そ、それは新しい感覚ですね。

自分以外みんな幸せだと、

自分のことを不幸だと思っている人は落ち込んでしまいません？」

DJ宇宙
「じゃあ、質問するが、

『あなた以外は、実は全員幸せな人間ですが、あなたこれからどうしますか』

って聞かれたらどんな気持ちになる？」

コイケ
「え、そうだったの？　ってちょっとショックかも」

DJ宇宙
「『じゃあ、あなたも今すぐ幸せになれますが、どうしますか』

って聞かれたらどうだ？」

コイケ
「え、そりゃあすぐに『僕だって幸せになりますよ！』ってなるかな」

DJ宇宙
「じゃあ、自分以外全員が、

本気で願いをかなえようとしているチームにいるとしたら？」

コイケ　「あー、つられて頑張るかも。
そこにいたら、僕も願いがかないそうな気がする」

DJ宇宙　「だから、いいコーチや師匠を見つけ、
すでにかなっている人たちがいる場所へ行き、
いい仲間を見つけ、本気で行動することだ。
甲子園に行きたいなら、甲子園に行ったことのある
学校に入って、本気で目指しているやつらと一緒に目指す。
そうすれば、周囲にいるおかげ様たちは全員で
おまえの夢をかなえようとしてくれるだろう?」

コイケ　「かなった人がいる場所に行ってみるのか。
そして、かなえようとしている人たちと一緒に頑張る。
その環境に身を置けってことですね」

DJ宇宙　「それと同じで、金持ちになりたいなら、
金持ちがいる場所に出向き、金持ちになる方法を聞き、実践する。
間違っても『お金なんて汚いもの』なんて言ってるヤツに

『お金ってどうやったら稼げますか?』
なんて聞くんじゃねえ。
結婚だってそうだ。結婚したいなら、
自分が理想とする夫婦に相談しろ。
おひとり様に、『幸せな結婚ってどう
やったらできると思う?』なんて
相談してんじゃねえぞ」

**コイケ** 「確かに、お金が嫌いな人に聞いてる場
合じゃないですね」

**DJ宇宙** 「もうひとつ重要なのは、
金持ちになりたければ金持ちが集まる場
所に行き、
そこに立つ許可を自分に出すことだ。
結婚したければ、自分が結婚式を挙げる
会場を本気で探して、

着るドレスまで決めちまえ」

**コイケ**「かなった状態をとことん先取りするってことですね」

## 結婚も、成功も、ゴールなんかじゃない

**DJ宇宙**「おいコイケ、おまえは今、結婚して幸せか？」

**コイケ**「はい！　超ウルトラスーパー幸せです」

**DJ宇宙**「なんでだ？」

**コイケ**「え、なんでだって、そりゃあ、愛する妻と、
2人の娘と一緒にこの地球を満喫できるんですもん。
家族4人それぞれの宇宙が交差する、僕ら家族の宇宙の庭を、
いつだってたくさんの花が咲いて、綺麗な芝生があって、
いつだって美味しいものを一緒に食べられる庭にしておきたい」

DJ宇宙　「つまり、結婚が目的じゃないってことだろう?」

コイケ　「まあ、そうですね。結局は、
僕ら一人ひとりの今回の地球でやりたいことを
お互いにかなえ合っている、大切な存在ですから、
僕は、妻や子どもたちの最高のおかげ様でいようって思いますね。
結婚したからには、お互いに幸せでいたいじゃないですか」

縁ちゃん　「だから、もっと稼ごうって思えるのよねぇ〜」

コイケ　「確かに! って、縁ちゃん!」

縁ちゃん　「私が長年縁結びをやってきて思うのが、
縁っていうのはね、結んで終わりじゃないってことなのよ」

コイケ　「確かにそうですね」

縁ちゃん　「結婚がうまくいかなかったら人生終わりってこともないんだけど、
やっぱり、結婚したからには、幸せでいたいじゃない?」

コイケ　「ああ、こんなはずじゃなかったっていう人は、
今からどうしたらいいんですかね」

**縁ちゃん**「まずは、互いの宇宙を尊重するってことね。そしてコイケちゃんが言っていたように、お互いにとってのおかげ様でいるってこと」

**コイケ**「それができないときって、何が起きてるんでしょうね」

**縁ちゃん**「そうねー、いろいろあるけれど、よくあるのは、『相手に幸せにしてもらおう』としていたり、『自分だけ損をしたくない』って思っていたりしているってことかしら。せっかく、結婚したことで、互いの宇宙が交差する素敵な庭ができたっていうのに、手入れを相手だけにやらせようとするからかしらね」

**コイケ**「損したくない、かあ」

**DJ宇宙**「損したくない、は、立派なオーダーだからな。損したくないってことは、結局、『今は得してない』って宣言でもある。宇宙は、したいか、したくないか、ではなく、放出された言葉のエネルギーを増幅させる」

コイケ　「損したくない、って思っていると、
いつまでも、損したくないって思う状況が続くってことですよね」

DJ宇宙　「『損』にめちゃくちゃフォーカスしてるからな。
損なことばっかりが目に飛び込んでくるわ、相手だけが得して見えるわ、で、
損してばっかだな」

コイケ　「きっと、得とか、損とか、思い浮かばないくらいに、
互いのことを思って行動できれば一番なんでしょうね」

DJ宇宙　**「どうしても損得勘定が働いてしまうやつは、**
**『損してもいいし、しなくてもいい』って言ってみろ。**
そもそも、損するか、しないか、は、人生で重要じゃない。
自分がこの地球上で幸せに生きること、が一番重要なんだよ」

コイケのおひとり様
居残りテンションアゲアゲ
ラジオ

# 宇宙が応援したくなる「いいねー！」「そうきたか！」口ぐせ

もちろんね、僕らが地球上にいるうちは、乗り物である体が歳をとり、できなくなることも増えていくし、能力上できないということがあったりします。

でもね、それですら制限だったりするんです。

たとえば、40代で婚活しようと思い立った場合に、結婚できたとしても、子どもが授からないってこともあるかもしれません。もともと、子どもができない体を持ってこの地球に生まれてきた人だっています。

そのときに「どうしても子どもが欲しい」と思うとしたら、まずは無邪気に、純粋に、素直に、宇宙にオーダーするのです。

そこから行動することで必ず宇宙はヒントを送ってくれます。

もしかしたら、ドS本の漫画版に登場したヒロミのように養子を迎えることで、願いがかなうかもしれませんし、子どものいる人と結婚することもありうるでしょう。

これって、妊活のような話でなくても同じことで、例えば、どうしてもこれからやりたいと思ったことが、年齢制限のあるものだったとしても、それは、宇宙にオーダーし、行動してみること。

プロのダンサーになりたい、ミュージカルに出たい、アイドルになりたい、そこに自分の人生の中で得た小さな価値観で勝手に年齢制限しないこと。やる前に諦めないで！

これこそ、宇宙の力をとことん信じちゃいましょうって話です。徹底的にかなえる方法を探してみる。そして、本気で行動してみること。そしたら、思わぬところからかなったりすることって、結構あるんです。

たとえば、かの蜷川幸雄さんは以前、55歳以上の劇団員を集めた演劇集団を生み出しましたよね。そういう場に遭遇できたりす

るかもしれません。

シニアでピアニストを目指し、Youtubeを始めて、ストリートピアノで演奏していたらフォロワーが3万人を突破してコンサートを開けることになった、なんて人もいます。

本当にやりたいこと、本当の願いは、宇宙にオーダーすればかなうんです。

ただし、何度も言いますが、本気で行動すること。**宇宙からのヒントと、宇宙の采配を「そうきたか!」って受け取る**ことです。

くれぐれも、「私結婚したいんですが、ぜひとも、昔別れた初恋の彼1択でお願いします。その彼は今は結婚していて、美しい奥さんとの間に可愛い娘がいるんですけどね」みたいな、超絶限定のモリモリ執着オーダーはやめましょう。

これってね、水の出る蛇口が100個並んでる中で、「1つだけ壊れたこの蛇口から、私は水を飲みたいんです! 他の蛇口からは絶対に嫌なんです！」って鼻水号泣しているようなもの。

思わず、「いやいや、右も左もよく見て！　たくさん蛇口あるでしょ！」ってツッコミたくなっちゃいますよね。本当にもったいない！

それよりも！　宇宙にオーダーした後に起きるすべてのことに

**「そうきたか〜。いいねー、それいいねー！」**

と言いながら、楽しんでみて欲しいんですよね。

本当に人生楽しくなっちゃいますから。

ものは試し、とぜひやってみて！

# 「それはいずれかなうのだから」口ぐせで今しかできないことを楽しむ

婚活でも何でも、うまくいかないときって、知らず知らずのうちに、「こうじゃないとダメ」「こういう人じゃないとダメ」「今の自分じゃダメ」って結構なダメ出しを自分にしちゃってたりするんですよ。

そして、損得勘定でしか人や物事を見られなくなっちゃう。

それよりも、おすすめなのは、

**「いずれ、その願いはかなうのだから、さあ、今何をしようか」**そう考えて、今目の前にあることを最大限に楽しむことです。

「結婚したら、一人の生活じゃなくなるんだから、今は、おひとり様を満喫しつくそう」

と、一人で旅行に行ったり、ひとり時間を堪能する。

**大事なのは、今の「結婚していない自分」にダメ出しをしないことですよー。いずれ結婚できるのだから、今の自分を否定せずに、今を大事にして過ごす。**その積み重ねこそが、理想の現実をつくり出します。

僕は、借金時代に、「僕はベンツに乗る！」っていうオーダーをしたとき、こう思っていました。

「いずれ、ベンツには乗るのだから、このオデッセイを手放す日がくる。オデッセイ、本当にいい車だなあ。家庭との思い出もたくさんあるなあ。今のうちに、たくさん堪能して、いい時間を過ごそう」

と、乗るたびにときめいて、楽しくて仕方がありませんでした。どこに行くにも「ああ、一緒にいてくれてありがとうね」って心の底から思えていましたし、オデッセイとの日々は僕と僕の家族にたくさんの幸せをくれたんです。

何を伝えたいのかっていうと、**宇宙へのオーダーって、今を嫌がって、今から逃げるために、オーダーするものじゃないってこと**なんです。

「今の自分もいい、そして、未来の自分もいい」

この感覚がとても大事なんです！

もちろん、コイケは借金大魔王時代に、借金から逃れたい、なんとかしてほしい、苦しいって、助けを求めるオーダーをし続けました。

その結果どうなったかはもう皆さんご存知ですよね。

「なんとかしてほしい」「苦しい」っていう状況がかない続けて、結果的に2000万円をゆうに超える借金（うち600万円は闇金ですから）に陥ったんです。

でも「ずえったいにこの借金に打ち勝って、超絶幸せな人生にする」って、オーダーし直して、覚悟を決めたあとは、返済ゲームを楽しんでいたように思います。

すぐに返せるア●ムの十数万円を「あ、ちょっと、過払金ってやつがどんぐらいすごい額になるか知りたいから育ててみよう」なんて思っちゃって、そこからは楽しくゲームのように利息を返させてもらって、結局全額返済したのはかなり最後の方だったりしました。

そう、借金しているのに楽しいって思えるはずがない、なんていうのは、まやかしですよ。**不幸でいるか、幸せでいるか、は、借金の額では決まらないんです。自分で、今この瞬間から決められるんです。**

だったらやっぱり「幸せでいる」って決めたくないですか？　って話。

これは、結婚生活を送るにあたっても、すごく大事なこと。

だって、結婚ってゴールじゃないから。そこから、一緒に「幸せでいる」ことが大事。それは、独身の今できないなら、未来だってできないよって話。

**独身の人は結婚したら幸せになれるんじゃないんです。今幸せって決めた人が、「今幸せ」を一緒に続けていける人に出会って、ずっと幸せでい続けられるんですよ！**

これもまた「逆ナンデス」ねー。

宇宙はいつだって先払いです。

だから、結婚する前から幸せでいることが大事。

結局ね、宇宙っていうのは、過去に自分がした選択がかなっている「現在」に満足すればするほど、肯定すればするほど、「じゃあもっとかなえてやるか」と張り切って奇跡を起こしてくれちゃうんです。

だから、**宇宙にオーダーした願いがまだかなっていないときこそ、かなった状態をリアルに想像しながら、今に満足して生活することが大事。**

そう、タイムラグ時は、カツ丼を食べながら「お腹いっぱい！

もう一杯！」と、張り切って、おいしく！　楽しく！　ガンガン食べること。そうすれば、宇宙は放っておきませんってば！

## 今週の逆！

「結婚して幸せになりたい」だと!?　逆だ！

「結婚していなくても私は幸せ」と幸せを味わっている人が、その幸せを一緒に続けられる人に出会えるんだ！

Chapter

6

# 「足るを知る」は脇に置け！行動だ！

## 稼げないとき
## 何が起こっているのか？

最後のゲストはマムさんです！
お！　なんか絶望感スゴイな
こんにちは
サメザメ〜
介護のお仕事をしているマムさん。これからどれだけ仕事を頑張ってもケアマネになったとしても年収300万が限界だと気づいてしまったのです
私、プリザーブドフラワーを使ったヘアドレスをハンドメイドしているんですが
本当は、介護の仕事じゃなくて、こっちを生業にして生きていきたい！
よーし！経営について学んで、独立開業してやる！目指せ年収1000万！
と思った矢先……

突然、母が倒れてこれは「独立はダメだよ」って宇宙からのヒントかもしれないと思って、なんだか落ち込んじゃって。
は？おまえ……それこそドリームキラーだ。これかけてみろ！
え⁉
サッ
何これ⁉
ぐるぐるぐる
ま、回るー回るー
私には独立する権利も、年収1000万円の権利もない！証明してやる！ By マム
スタン‼
+5
+5
おまえ、オーダーが真逆だぞ！よく見ろ！

# 心はどんな手を使っても〝元の場所〟に留まらせようとする

**DJ宇宙**「ということで今日も始まりました。
『ドSの宇宙さんの逆転ラジオ』。リスナーのみんな、
年収1000万円ハンターチャンス！
この番組はDJ宇宙がお送りしています。
宇宙スパルタ教育のご相談や曲のリクエスト、お待ちしてまーーーーす！」

**コイケ**「ついにハンターチャンス」

**DJ宇宙**「お？　なんならクイズダービーでもいいぞ」

**コイケ**「まあ、どっちでもいいんですけど、

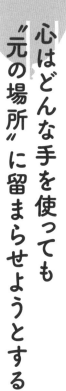

スピリチュアルって、解釈を間違えると本当に、
全然願いがかなわなくなるなあって最近思うんです」

**DJ宇宙**　「おう、ラジオ終盤になって、やっとわかってきたか。
スピリチュアル好きなやつが陥りがちな罠《わな》だな。
何でもかんでも『メッセージ』にしたがって、
悪いことが起きたらすぐに
『これは、きっと、やってはいけないっていうメッセージなのよ』
『この願いは私の人生には必要ないってことね』
と行動するのをやめやがるだろ」

**コイケ**　「はい、よく聞きますね」

**DJ宇宙**　**「これは、心の罠だと思え」**

**コイケ**　「心の罠？　心が罠を仕掛けてくるんですか？」

**DJ宇宙**　「そうだ。確かにだな、宇宙に願いをオーダーして行動すれば、
必ず宇宙からのヒントはやってくる」

**コイケ**　「ですよね」

DJ宇宙
「この宇宙からのヒントってのがな、時折、自分自身の心による罠だったりするわけだ。ま、ドリームキラーの一種と考えればいい」

コイケ
「自分が自分に仕掛けるドリームキラー？
これまで宇宙さんが教えてきたのは、宇宙に願いをオーダーして、紙に書き、行動する。そうしたら、邪魔をする人たちや現象が起きるけど、そこは宇宙が『おまえ、本気なんだろうな』って、確認しにきているから全力で『本気』を示して行動し続けろ、って話でしたよね」

DJ宇宙
「そうだ。ドリームキラーっていうのは、顕在意識で自分の〝人生さん〟と今回の人生での望みについて、本気で考えて、宇宙に本気のオーダーをし、ヒントを受け取って行動するときに現れる。面舵いっぱい逆に切り直したときの大きな揺れのようなものだ」

コイケ 「それが、自分の心による罠ってこともあるってこと？」

DJ宇宙 「散々言ってきているように、
心ってのは、体の安全を第一に作動している安全装置だ。
さらに、これまで生きてきた中での小さな価値観を大事にしやがる。
そこから出ようとすれば『あぶなーーーい』って、
全力で、オーダーをストップさせようとしやがる」

コイケ 「でも、行動したら必ずヒントが現れるワケでしょう？
ってことは、やっぱり、心がちょっとくらい危ないって思うようなことも、
ヒントってことなんじゃないんですか？」

DJ宇宙 「ご名答。コイケヒロシ君には番組からステッカーを送っておきます。
番組は引き続きDJ宇宙がお送りします」

コイケ 「あ、はいはい」

DJ宇宙 「だからこそだ。
動き出したときに、『行動を妨げられているな』と
思うようなことが起きたら、それは、新しい自分になることを、

心がビビって止めようとしていると考えてみろ。
『動くの怖い』『変わるの怖い』なんていう潜在的なオーダーによって、
周囲の人間がおかげ様になって、
『怖いなら止めてあげるー』って動きはじめる」

**コイケ** 「なるほど。だからドリームキラーっていうのは、
自分が自分を止めようとする、心の罠ってことなんですね」

**DJ宇宙** 「その通りだ。だから、何かを始めようとした矢先に、
親が倒れたり、子どもが学校に行かなくなったり、ってことが起きる。
それを、ほとんどの人間は
『ああ、これはしちゃいけないっていう宇宙からのヒントだわ』
って反対の意味に捉えてしまうからな」

**コイケ** 「それもまた逆ってことですね。**自分の心が止めようとするから、**
**親や子どもが身を挺して止めに入ってくれていると**」

**DJ宇宙** 「そう、だからこそチャンスなんだ！
そういうとき、倒れた親や不登校の子どもに向かってこう言ってみろ！

『ドSの宇宙さんに3000点!』ってな」

コイケ「えええ? クイズダービーの真似したかっただけでしょそれ」

DJ宇宙「要するにな、相手のことは相手を信じて任せろ。
本人は、オーダーしたことをかなえるために、心の中で自分にこう伝えろ。
**『止めなくても大丈夫! 私は絶対にこの願いをかなえるから』**
ってな。さて、ここで1曲。
では、聞いてください。マムさんからのリクエストで『心の旅』」

コイケ「あれ? 今回なんかいい感じの選曲!」

## 人は体験した3倍しか イメージできない生き物

コイケ「仕事やお金の相談っていうと、
月収100万円になりたいとか、

年収1000万円になりたいとかいう話が多いですね」

DJ宇宙「なんだ、そんなの、なりゃいいじゃねーか」

コイケ「多くの人はそれができないから困っているんです」

DJ宇宙「『それができないから困っている』は、立派なオーダーだぞ。かなっちまうけどいいのか？」

コイケ「そ、そうでした。それは嫌だ」

DJ宇宙「しかし。多くの人間がいまだに勘違いしてるってことだな。
お金をオーダーするときの正しいオーダーは年収や月収じゃねーぞ。
なぜその金が必要なのか、仕事をすることで何がしたいのか。
**本当の目的をオーダーしろ**とオレ様は教えたはずだ。
**結局な、人間の心ってのは怠け者だから、明確な目的がなければ動いてくれんぞ**」

コイケ「確かにそうですよね。
それに、年収1000万が雲の上って思いすぎると、やっぱりかないにくい気がしますね」

DJ宇宙 「おいコイケ、今から24時間以内に1万円創り出せ、でないと殺されるぞ！」

コイケ 「ええええ!? なんで突然の殺人予告？ これ、ラジオの生放送なんですけど！」

DJ宇宙 「いいから、さあどうする？」

コイケ 「え、さあどうするって。そりゃあ、何としてでも1万円捻出しますよ」

DJ宇宙 **「年収をアップするってのは、結局そういうことだ。1万円を生み出せる何かを、1000回やれば1000万円だ。**
1万回なら1億円だ。
つまり1万円をつくり出すのと、1000万円をつくり出すのは宇宙的には違いなんかない」

コイケ 「ああでも、なぜか、1000万円のほうが不可能なことに思えてしまいがちですね」

DJ宇宙 「なのに、年収1000万を目指そうとするやつらってのは、それは途方もない話だと思いやがる」

コイケ 「確かに。いい方法ってないんですかね」

DJ宇宙 「あるぜ。まずは、自分の中の小さな宇宙の庭にある常識を一個ずつ、本当かどうか検証することだ。

そして、自分の中にある

**『お金を得るには苦労しなくてはならない』とか、**

**『父親よりも稼いではいけない』とか、**

**心が震えて動けなくなっている原因**を見つけ出すことだ」

コイケ 「親より稼いではいけない？」

DJ宇宙 「親の庭で生きてきたおまえたちは、

知らず知らずのうちに、親よりも下でいて、

**親を立ててあげようと思いがちだからな」**

コイケ 「『楽して稼いではいけない』も、よく聞く気がしますね。

あとは、『金持ちなんてロクなやつがいない』とか」

DJ宇宙 「ほんと、金持ちがどうかなんてのは、

金持ちになってみないとわからん。
楽して稼いでいるやつだっているし、いい金持ちだっている。
なのに、想像や自分の小さな価値観でモノを言い過ぎだ」

コイケ 「確かに」

DJ宇宙 「もう一つ大事なことを教えておく！

**人間ってのは自分が体感した3倍でしか、リアルに思い描くことができない。**

だからな、年収200万のやつがいきなり1000万を目指そうとすると、想像しただけで疲れ果てちまうし、無理だと思ってしまう」

コイケ 「3倍かあ！
年収200万の人が1000万を目指すなら、
まずは600万を目指せばいいってことか」

DJ宇宙 「そういうこった」

コイケ 「ああ、それならちょっと現実味が出てきますね」

DJ宇宙 「そのまえに、さっさと1万円つくりだす方法を考えるこったな」

コイケ「1万円かあ。たとえば、クリスマスに路上でサンタの格好をして、記念撮影どうですかーって声けるとかどうですかね。酔っ払った人とか喜んで参加してくれそう」

DJ宇宙「なんだ、まあまあアコギだな。それじゃまるでオレ様みたいじゃないか」

コイケ「え、それは、ほめられてるのか、けなされてるのか」

DJ宇宙「でも、ま、そういうことだ。自分がこれまでやらなかったことの中で、お金になりそうなこと、そのアイディアを捻り出してみる。それだけでも、一歩前進だぞ。だが今日はクリスマスじゃねーからな、24時間以内に1万円はつくり出せない。死亡フラグだな」

コイケ「えええええ」

100万円ですか？
えーっと使用のご予定すべてお書きくださいませ!!
申込書
宇宙銀行

# 人は自分の「ねばならない」に忠実に生きている

僕たちは生まれたときから、たくさんの「ねばならない」を聞いて育ちます。そりゃあもう、驚くほどたくさん。

そしてびっくりするくらい、それをちゃんと守っています。多くの人が。

だから、子どものころに親や周囲の大人たちから聞いていたこと、お金の話でいえば「お金は苦労して稼がねばならない」なんてことを、いまだに守っていたりするんです。

これがもし、「豊かな人生を送って、幸せになって、稼ぎまくらなくてはならない」っていう人は、それを守って幸せな生活を送るかも知れません。

だけど、ほとんどの場合「ねばならない」は自分を制限させる

呪いの言葉になっています。

一方で！　本気で人生を変えたいと宇宙にオーダーし、本気で行動し、本気で人生変わったっていう人は、この「ねばならない」を自分の能力と可能性を一気に広げる魔法の言葉として活用しています。

そう、**「ねばならない」にはポジティブねばならないと、ネガティブねばならない、があるんです。**

自分自身で設定したポジティブねばならない、は、すごい効果を発揮します。

ただし！　これって、限界ギリギリなときに発動することがほとんどです。

たとえば、コイケの場合ももれなく「親より幸せになってはいけない」っていう呪いの言葉を自分にかけていました。ですが、ある日、決意したんです。

「借金2000万円、絶対に自力で返して幸せになりまし

た！」ってね。

そのときの僕はもう、自己破産かホームレスかっていう、今回の地球での人生で限界ギリギリの状況でしたから、「何をどうしたって借金は返さねばならない」っていうポジティブねばならない、が発動していたんですね。

人生を変えたい、でも、変わらない――ってね。実のところ、今の不幸な状況をさほど変えたいと思っていない……ってこと、多いんです。

「なんだと！　思ってるに決まってるじゃないか！　この小さい池のくせに生意気な！」

なんて、突然宇宙さんのようにハリセン持って怒らないでくださいね。

例えば、現状Aの人がBという未来を望んでいるとします。

Aは、現状のままの派遣社員で月収20万円でおひとりさま。

Bは、年収1000万円の起業家で戸建て持ちの優しい夫つき。


もちろん、宇宙にオーダーすればBの願いはかないますが、多くの人が、Aに留まる選択をしてしまうんです。

それはなぜか。限界ギリギリじゃないから！　です。

「コイケさーん、私、Bになりたいんです。絶対かなえたいんです。でも、どうやってもかないません。なんででしょう」

っていう場合によくよくお話しを聞いてみると、どうも、本気でBを目指す気がないなーって思う言葉が出てきます。

**「そんなに簡単にかなうわけないってのは知ってるんですけどね」「まあ、今のままでも食べていけないわけじゃないんですけどね」**

っていうこれですよ、これ。

これってね、今に満足していないけれど、本気で未来を変えよ

うとしているわけでもないっていう、中途半端な状態なんです。
つまり、自分の本気のオーダーが明確じゃない。
その割に「かなわなくていい」は明確にオーダーしてしまっているってわかります？
そこから宇宙からのヒントを受け取って、本気で行動していくのは至難の業なんですよ。だって、「今のままでもいいっちゃいい」って思う人と、「いますぐ借金返し始めないともう人生詰む」っていう人とだと、人生大逆転にかける本気度が違いますから。

だから、実話ベースの人生大逆転ストーリーのほとんどが、どん底からの逆転だったりするわけです。逆にいえば、どん底の人の底力こそが、「宇宙への本気のオーダー」であって、本気の行動になるわけですね。
人生って崖っぷちや、ギリギリチョップが意外と有効なんですねー。

## 「ねばならない」を逆活用して年収を倍増させる方法

「じゃあ、今から借金2000万円したほうがいいですかー?」っていうと、そんなことはありません。べつに僕、すすめてないですからねー(笑)。

そういうときこそ、「ねばならない」を上手に活用して自分の「やる気スイッチ」をぜひオンにしてほしいんです。

「私は年収2000万円にならなくてはならない」

「私は着物の仕事で自立しなくてはならない」

これらのオーダーに、「なぜなら」を付け加えて、その理由を明確にするんです。例えばこんなふうに。

「私は年収２０００万円にならなくてはならない。なぜなら、親の介護にかかる経費を捻出し、介護中の親がニコニコ元気でいられるようなケアを提供しなくてはならない。その上で、私と家族が何不自由なく、子どもたちが世界を見て自分の可能性を感じてくれるように年に、１度は海外旅行をしなくてはならないし、お花を仕事にするためのアトリエの家賃とお花の仕入れにかかる費用も問題なく払えなくてはならないから」

自分のオーダーがそうでなくてはならない理由を、徹底的に考えて、言葉にするんです。そして、「今のままでも死にはしないんですけどねー」なんて言っている自分に本気のプレゼンをして、「ねばならない」「それヤンないと死ぬ」くらいのことだって、自分を洗脳するんです。

明確になればなるほどこれまで持っていた「ネガティブねばならぬ」は、「ポジティブねばならぬ」に塗り替えられていきます。

それと、大切なことをもう1つ！

「ねばならない」っていうスイッチを入れなくても、今が幸せだと心底思える人は、もちろん、今の自分でこの地球を堪能したっていいんです！

してもいいし、しなくてもいい。

変わってもいいし、変わらなくてもいい。

でも、もし本気で人生を変えたいって思えるのなら、使ってほしい「ねばならないスイッチ」についてお伝えしてみました。

いやあ、人生って本当におもしろいものですね。

さよなら、さよなら、さよなら。

私には独立する権利も、年収1000万円の権利もない！証明してやる！
Byマム
ええー！ 本当に真逆だわ〜！
ということは、もしかして、母が倒れたのも、年収1000万円を阻止するために宇宙が動いたってこと？
オーダー、かなってるじゃん！
それから勇気を出して、独立開業に向けて動き始めた私
人生カタログから好きな人生を選べばいいんですよ！
なるほど！それなら私は「フラワーヘアドレスを仕事にして年収1000万円になる人生」を選ぶ！
コイケの講演
ネットショップを立ち上げました
オレ、仕事用にマンション借りるけど、部屋が余るしアトリエにしたら？
タイミングよく夫の仕事場を間借りすることに！
うん
ラッキー

倒れた母は
介護が必要で
まずは
夫と借りてる
部屋の家賃と
介護の費用を
売り上げないと…
あと今まで通り
家族で旅行にも
行かないとヤダし
もっと作品の質を
良くするためにも
広い世界を
見に行きたい‼
ポン
あ‼
年収
1000万円に
ならなくては
ならない
by マム
オーダーが
変わった‼
この日を境に
ネットショップの
売り上げが
ぐーんと
伸びはじめたのでした‼

# 「親は幸せだった」と思えて初めて、人の心は解放される

**DJ宇宙** 「さあ、ラジオ番組もいよいよエンディングです。
って、なんだコイケしけた顔すんなよ」

**コイケ** 「しけてない。真面目に考えてる顔ですってば」

**DJ宇宙** 「なんだ。ない頭で何を考えてるか、オレ様に言ってみろ」

**コイケ** 「こうやって、ゲストの皆さんから体験談を伺っているとね、
ほとんど、親との関係や幼少期の凝り固まった価値観を変えることで、
みんな、限界突破してるのかなあって感じがするんですよ」

**DJ宇宙** 「おまえ、今頃になって何言ってんだ。
それこそ、真逆も真逆、大真逆だっつーの！

**親が問題なんじゃねえよ！**
**親が問題だって思い込んで、**
**いつまでも親のせいにしているおまえらの問題だ**ってんだよ！
そして、そのことに気づいていないことが大大大大問題だ」

コイケ「ああ、確かに！」

DJ宇宙「おいコイケ、ちょっと紙あるか、紙」

コイケ「紙ですか？　なんか、

どんどんラジオのリスナーから遠ざかっているような」

DJ宇宙「いいんだよ。リスナーのみんなも一緒にやってみてくれよな。

紙にこう書いてみろ」

コイケ「あ、は、はい」

DJ宇宙**「私の両親は幸せでした」**

コイケ「書きました！」

DJ宇宙「書いて、読んで、どんな気分だ？」

コイケ「あ、ああ。なんでだろう。なんかしっくりくる。

だって、この地球に生まれて来られて、自分のオーダー通りに人生を堪能してきたわけだから、親は幸せな人生だったんですよね」

**DJ宇宙**

「そのとーり。

だが、振り返って考えてみろ。

借金ハクション大魔王だったとき、同じように思えていたか？」

**コイケ**

「いえ、全然そうは思っていませんでしたね。

どちらかというと、お父さんは不幸だった、

お母さんは不幸だったたって思い込んでいました。

だから、お父さんよりも成功しないように、

お母さんよりも幸せにならないように、一生懸命借金してたっていう」

**DJ宇宙**

「そう、ほとんどのやつが、そんな感じで、

**親を勝手に不幸な人生だと決めつけて、**

**その価値観の中で自分を制限して生きている。**

そして、トラウマだとか、ヒーリングだとか、スピリチュアルだとかで、

親との関係性を改善しようとする」

コイケ　「改善しようとしちゃダメなんですか？」

DJ宇宙　「ダメとかダメじゃないとかそういう話じゃねえっつーの。

**『改善しない限り自分は幸せになれない』**

**っつーオーダーをしちまうのが問題だっちゅーの」**

コイケ　「そうか。自分で、親の問題を改善しない限り

幸せになれないっていう状況を

ずっとつくり出し続けてしまう」

DJ宇宙　「そうだ。だから、どんなアプローチをしても改善しない。

『幸せになれない』ってオーダーがかなってるからな」

コイケ　「僕らの人生は過去のオーダーでできてるんですもんね」

DJ宇宙　**「いいか。そもそも、親との問題っつーのは、**

**改善させようとする必要などないってことだ。**

**なぜか。親は幸せだったからだ」**

コイケ　「でも、それって、本当かどうかは、

親に直接確認しないとわからないですよね」

DJ宇宙
「いいや、わかるね。というか、
**証拠を探す必要なんかねーってんだ。**
おまえの宇宙の中でそう決めろ。今すぐにだ。
どうしてもそう思えないやつは、
**『僕の宇宙の中でのお父さんとお母さんは幸せでした』**
からでもいい。そうすることで、やっと初めて、
自分の宇宙をつくりだすことができるんだからな」

コイケ
「ああ、親の宇宙の庭に居座っているのは、僕らの方ってことですね」

DJ宇宙
「そーそー。**『親が不幸だった』ってのは、**
**自分の人生を放棄するための免罪符にはならん**っちゅーことだ」

# 「この道はオーダー実現につながっている」
# 自分の〝感覚〟こそ羅針盤だ

DJ宇宙 「もう一つだなあ、人間ってのはなぜか、
善悪や白黒、正しいか間違っているか、で、
宇宙にオーダーしようとしすぎだ」

コイケ 「ああ、確かにそれはわかります」

DJ宇宙 「悩んでいる人間の多くが、
『絶対にあの人が悪いんです』とか
『私、どうしたらいいですか、合ってますか』って、
正しさを主張しようとしたり、正解を探そうとする。
**だが、宇宙には善悪の判断がつかないし、**
**そもそも、正しさも正解も、人それぞれだ。**
誰かにとっての正しさは、誰かにとっての間違いだったりするし、
誰かにとっての正解は誰かにとっては不正解だ！」

コイケ 「じゃあ、自分の宇宙の中での正しさや、
正解はどうやって見つけたらいいんでしょうね」

DJ宇宙 「それを測る方法はただ一つだ。

## 自分が宇宙にオーダーした理想の人生に向かって、動いていると感じられるかどうか、だ」

コイケ「それって感覚的に？」

DJ宇宙「感覚ってのは無茶苦茶大事だ。

**たとえタイムラグの最中で、トラブル満載だったとしても、『この先に願いがかなう人生がある』と自分の中で思えるのなら、その道は、おまえにとっては正しいってことになる。**

ただ、それが他のやつらにとっても正しいわけじゃない」

コイケ「そうか。それぞれの宇宙を尊重するっていうのは、正解なんて、人の数だけ、魂の数だけあるってことですもんね」

DJ宇宙「この本で耳がタコになるくらい教えてきたが、『逆こそが真なり』だ。物事をすべて、逆から見るクセをつけろ。

そして、タイムラグで苦しんでいるやつは、問題と解決法は必ずセットでこの地球上に現れて、おまえをオーダー通りの人生に導いてくれるとまずは信じてみろ」

コイケ　「わかりました！」

DJ宇宙　「逆に、だ。**進んでいる中で感じる一瞬の違和感**を見逃すんじゃねーぞ。
オレ様は、**宇宙からのヒントは0・5秒**と教えたはずだ。
その一瞬の感覚を見逃すな」

# 自分の宇宙のステージを変えたければ、知識、情報、経験を変えろ

DJ宇宙　「さあ、ここで、コイケ君に質問です。
自分が思い描く宇宙にトリップするには、何をすれば良いでしょうか」

コイケ　「わー、ここにきてものっすごく根本的な質問！
うーんと、なんだろう。今までの自分の中にある知識や情報、経験を
ブラッシュアップすることでしょうか」

DJ宇宙　「なんだてめえ、冴えてるな。

ハリセンの出番がねえじゃねーか。

まあ、その通りだ。本を読んだり、講座に行ったり、何かしらの方法で、今まで自分の中になかった知識や情報、経験を手に入れればいい。

**人間ってのは、自分の目で見たもの、聞いたこと、体験したことの中からしか、『こうしたい』っていうオーダーなんて浮かんでこないんだからな」**

**コイケ**　「確かに。自分が、知らない名前の、見たこともないドリンクを喫茶店で頼めないのと一緒ですね」

**DJ宇宙**　「いいか。散々言っているように、
おまえらの目に映るすべては、おまえら自身だ。

そして、おまえが自分の人生を選ぶためのカタログのようなものだ。

いわば、人生カタログだ。

**周囲の人間や、本、目に映るものが、おまえに『こういう人生もありまっせ、どうっすか』って、**

**これまで知らない人生を教えてくれているわけだ。**
どうだ、ワイルドだろ？」

コイケ
「あ、どうも杉ちゃん」

DJ宇宙
「そして、カタログは、増やすことができる」

コイケ
「そっか。**読んだ本や見た映画、学んだことがすべて、**
**自分にとっての人生カタログになるんですね**」

DJ宇宙
「そのとおり。そして、カタログは身近であれば身近なほどいい。
億万長者のビル・ゲイツは遠い存在だろうが、
会いに行ける身近な億万長者がいればどうだ」

コイケ
「ああ、確かに、実際に会ってみると、
こういう人生もあるんだって身近に感じることができます」

DJ宇宙
「海外っていう存在を誰も知らなくて、
行ったことがあるやつが周りにもいなかったら、
おまえは海外旅行を宇宙にオーダーできないだろう？」

コイケ
「ほんとですね！」

DJ宇宙

**「知らないことを、知ること。**
**自分がオーダーしたことに対しても、情報を集めること。**
**これもすべて、行動だからな。**
**そして宇宙はいつだって行動が先、結果が後だ。**
カタログを眺めて『いーなー』って言ってるだけじゃあ、
何も起きんぞ」

コイケ

「確かに、カタログを見て、ちゃんとオーダーして、
自分の住所を入力したりしないと、
商品は届きませんもんね！」

さて
どれがいい？
プライベートジェットに乗る年収5億のコイケ
借金まみれ瀕死のコイケ
スーパーカーに乗る年収1億のコイケ

コイケのおひとり様
居残りテンションアゲアゲ
ラジオ

# 「あんなことさえなかったら」は現実暗転の闇ワード

先日、宇宙さんからこんなことを言われたんです。

「『あんなことさえなかったら』を真逆の言葉にして使え」ってね。

つまり、あんなことさえなかったら、と思うことはすべて「あんなことがあったからこそ」っていうこと。

コイケ、久しぶりにハッとしました。

「あーあ、あんなことがなかったら」って言葉っていうのは、自分を悪い結果に導こうとしている自分の中のドリームキラーそのものだって宇宙さんは言ったんです。

さらに、今幸せじゃない人、自分の〝人生さん〟を大事にできていない人ほど、親を恨んでしまっていたり、親のことを嫌いと

か、悪いと言う傾向があるように思います。

これは、本当にもったいないお化けがでるレベル！

親や過去のせいにして、幸せにならない選択を続けても、待っているのは借金2000万だけ！　あ、いやそれはコイケでした。

さて、ここでもまた「逆ナンデス！」で、逆に見てみましょう。

今、超絶幸せな人は、親のことを嫌いとか、悪いと思う必要がありません。

親だけじゃなくて、あのときあの人がどうだったから、みたいな、人のせいもなくなります。過去のすべては、今の幸せに繋がっているって思えるから、「誰かのせい」ではなく「すべての人たちのおかげ」ってなる。

そう、今まで出会った人すべてが自分の今回の人生のおかげ様になるってこと！　すごくない？

だから、僕らはいますぐに「私は幸せです」って決めたほうがいいし、それこそ、今この瞬間にできること！　だから、ぜひ

やって欲しいです。

**「あんなことがあったから」僕らは幸せになれる！**

僕らはこの地球での行き先を、自分で、決めることができます。

その行き先は、言葉で宇宙に伝えればいいだけ。

ただそれだけ。

でもね、だからこそ、**僕らは自分が使っている言葉を超ウルトラスーパー意識して、顕在意識の力で変えていく必要があるんです。**

**幸せっていう目的地にたどり着くために必要なのは、自分の「解釈の癖」に気づくこと**だったりします。

無意識が当たり前だと思っていることが、すべて逆だということに気づけば、宇宙ってあっという間に変化しちゃいますからね。

# 想像以上に効果絶大！「あいつにできたから自分もできる」口ぐせ

僕は、講演会や講座でよくこう伝えています。

「『コイケにできたんだから、私にもできる』って考えてみてください」ってね。これね、皆さんを励まそうとしているんじゃないんです。本当にそうなんです！

多くの人が、幸せそうだったり、お金を持っていたり、テレビで話したりしている、ちょっと成功している人に対して、「特別な人」だと思いがちです。

そして、宇宙に願いをオーダーしてかなえようとするときも、心のどこかで、「今とは違う特別な自分に変身していますように」なんて願掛けしていませんか。

でもね、成功している人、幸せそうな人、お金持ちの人、テレ

ビに出てる人、って、この地球上にごまんといます。

例えば、「年収1000万になりたい」っていうのは、ある調査の結果だと、日本で年収1000万円以上の人は258万4000人もいるそうです。

自分が目標とする人や世間的な成功者が周囲にいないと、そのことがすごく特殊な感じがしますが、年収1千万円になってみると、周囲に結構そういう人がいて、「あ、普通」って感じるようになります。それって、多分、周囲に自転車に乗っている人を見かけるくらいの感覚です。

たとえば、本を書いている友人が、以前こんなことを言っていました。

「書店に行ったときに、何万冊も本が並んでいるのを見ながら、『ああ、自分の本がこの中にあっても全然おかしくないなあ』って思ったんだよね。そして、出してみたら、本を出している人って本当にたくさんいるなって思って。出すことよりも、読んでもらうこと、誰かの役に立つことの方が大事だなって思ったんだよ」ってね。

他にも

「年収1000万を目指していたけど、いざなってみたら、思ったよりも税金や保険料が高くてびっくりしたよ。だから、自分がやりたいことを全部かなえるためには年収3000万円は必要だってわかったんだ」

という人もいます。

こういう感覚が大事。こういう体験が必要なんです。

そう、何かがかなったら、その先には、知らなかった「現実」があります。

その現実を体感することによって、さらに次の目的地が見えてくるんです。

**そんなすごいこと、できるはずがないって思うのか。**
**ああ、やってる人がこんなにいるんだったら自分にもできんじゃないの？　って思うのか。**

オーダーした願いがかなうかどうかは、心底それを信じて行動できるかどうか、本気になれるかどうかですからね。
あなたが思いつく宇宙へのオーダーは、それほど、特殊でかなわないようなオーダーではないってことをまずは知って欲しいんです。

**だから、コイケにできたってことは、**
**絶対に、あなたにもできるってこと。**

これが事実です。
だって、この宇宙では、願いって、必ずかなうようにできていますから！

## 今週の逆！

「手元にあるお金で楽しもう」
だと！
逆だ、逆だ！
「存分に楽しめるだけ稼がなければならない！」だ！
どのくらい必要か、
ワクワクしながら計算しろ！
そしてとことん行動しろ！
稼げ！

# あとがき

コイケが借金2000万円を抱えて鼻水号泣していたとき、宇宙さんからの声を聞きました。まあ、それっていうのは、自分の中の本当の本当の本当の僕の声なんですけどね。宇宙と魂がつながり直すとき、誰にでも、その声って聞こえてくるもの。

その中で、僕は「わぁ、ぜんぶ真逆なんだ！」って気づいたんです。

月45万円の返済を終わらせられたら、月45万円余る！

借金2000万円を返し切ったなら、逆に、そこから2000万円は貯められる！

これに気づいたとき、僕の人生は文字通り逆転しました。

実際に僕は「借金を10年で返す！　返しました！」と宇宙にオーダーし、結果、9年で返しました。だから、借金2000万円ってものっすごい額だけど、実は、9年で返せたなら、次の9年で貯められる額だってこと。

月に45万円死ぬ気で返していたら、いつの間にか、月に45万円プラス、事業にかかる家賃や仕入れを抜いて、家族を養えるだけ稼げる能力が身についていて、返し終わったら、毎月45万貯められる能力が身についている。年間500万だと考えたら、9年どころか、4年で2000万が貯められる人間になれているっていうこと。

思いましたよ。「意外と余裕じゃん」って。

でもね！　後から考えてみると、この2000万円ってヤミ金の利息払っての2000万円だから、実際はたぶん、倍くらい払ったのかもしれません。

月に45万円の返済でしたから、ざっくり、9年で4860万円！！！！

僕は借金をしたおかげで、月に45万円の余裕を生み出す方法を、能力を、得ていたわけです。

これは、ただ会社員として、ちゃんと月給もらって生活していたら、きっと身に付かなかった能力だと思うんです。

うっかり自分のセレクトショップに憧れてしまい、コンサルに騙され、借金を抱えたからこそ、宇宙が与えてくれた能力でした。

そう、人って、必要に迫られたらいつだって、その能力が授けられる。

もちろん、そのときは鼻水号泣だったとしても、その間に粛々と、能力アップが図られています。宇宙にオーダーすると、絶対に、宇宙はその方向へと動いていきます。

だから、今、人生がすごーくつらくて、もう先がないって思っている人！

そこから逆転することは可能です。


トークイベントなどで多くの方にお会いすると、「小池さんは、特別だったんでしょう?」みたいに言われることがありますが、全然そんなことはありません。

実際、宇宙のしくみについて学び、オーダーした人は確実に逆転人生を歩み始めています。今回は、実際にそうやって人生を変え始めている人たちの実話をお伝えしたくて、オンラインサロンのクルー（サロン内ではそう呼んでいます。願いをかなえる宇宙船、だから）の皆さんに呼びかけて、体験談をヒアリングし、そのお話を書かせていただきました。


オーダーすれば、行動すれば、誰にでもできる。

人生はいつからだって逆転可能。

そう、あなたの人生も！

「コイケにできたんだから、あなたにもできる！」

今日から、あなたの宇宙さんと一緒に、その一歩を踏み出してみてくださいねー。

新しいあなたを祈念しまして……。はい、いつものやつですよ！

**愛してるビーーーーム!!**

2023年10月吉日　杜の都仙台のマイホームから

小池浩

困ったことがあったら……
悩みがあったら……
もっと毎日を楽しくしたいなら……

**話題の「宇宙船」で**
**毎日、コイケをひとり占め！**

100名超が絶賛乗船中！
ゲリラ講義や
月例オンライン飲み会はもちろん、
船長への質問コーナーは回答率100％。
さらには、メンバー自身が
「オーダー」実現に動く「部活」も日々盛況！

⇒こんな部活が…
「読書会」「2時間早起き部」「ありがとう部」
「ダイエット部」「神社＆不思議部」など多数！
リアルイベントも毎年開催！

**さぁ、あなたもいますぐ仲間入り！**
DMMオンラインサロン
小池浩の「乗りこめ！願いをかなえる宇宙船」

**サンマーク出版**
**ホームページへ**
**GO!!**

**小池 浩** こいけ ひろし


心理セラピスト。インディゴッド仙台代表。念願のアパレルショップ経営のために負った借金が膨れ上がり、2000万円（うちヤミ金600万円）に。自己破産しか道がない状態に追い詰められたとき、宇宙とのつながりを思い出す。言葉の力を使って潜在意識を浄化し、宇宙からのヒントを指針に宇宙に望みを「オーダー」しはじめてから人生が激変。アパレルを撤退して始めたブレスレットショップが話題となり、一気に人気店に。9年で借金を完済後、収入は増える一方。愛する妻と2人の娘とともに、楽しく願いをかなえる毎日を過ごす。宇宙のしくみを伝える講演を行いながら、お金や経営の問題で行き詰まる人たちに向けたセッションも数多く行っている。著書に、独自の願望実現法をまとめた、累計30万部超のシリーズ『借金2000万円を抱えた僕にドSの宇宙さんが教えてくれた超うまくいく口ぐせ』、『宇宙はYESしか言わない』など。

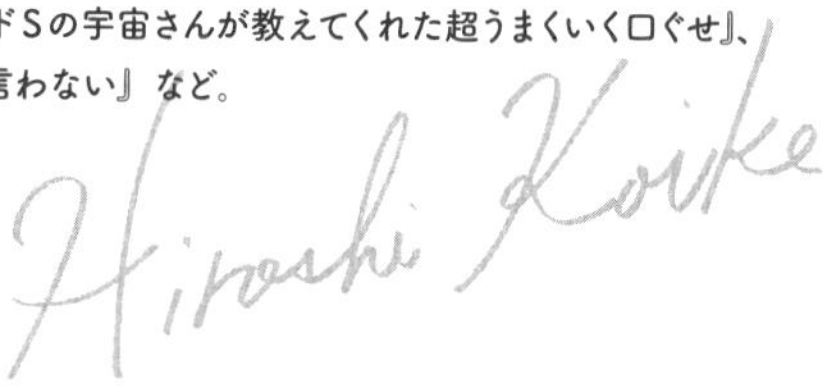


# 借金2000万円を抱えた僕にドSの宇宙さんが教えてくれた逆転現実創造術


2023年11月20日　初版印刷
2023年11月30日　初版発行

著　者　　小池 浩
発行人　　黒川精一
発行所　　株式会社サンマーク出版
　　　　　〒169-0074 東京都新宿区北新宿2-21-1
　　　　　電話　03-5348-7800
印　刷　　株式会社暁印刷
製　本　　株式会社若林製本工場




ISBN978-4-7631-4095-1 C0030
ホームページ　https://www.sunmark.co.jp

# 小池 浩 ベストセラーシリーズ

借金2000万円を抱えた僕に
ドSの宇宙さんが教えてくれた
超うまくいく口ぐせ

【著】小池 浩

すべては、この1冊から始まった…
「口ぐせ」を変えて、崖っぷち男が人生大逆転!
まさかの実話で贈る、愛とドSの一大スペクタクル!

定価=本体1,400円+税

借金2000万円を完済した僕に
ドSの宇宙さんが耳打ちした
奇跡を起こしまくる口ぐせ

【著】小池 浩

借金返済のその後も、
まさかの「無限奇跡」は続いていた!
次はマイホーム?　真のアフターストーリー

定価=本体1,400円+税

借金2000万円を抱えた僕に
ドSの宇宙さんがあえて教えなかった
トンデモナイこの世のカラクリ

【著】小池 浩

「僕は知ってしまったんだ。
宇宙さんが僕の元にやってきた理由を…」
ネガティブ人間の再教育に
ついに宇宙が動き出した!?

定価=本体1,400円+税

マンガでわかる!
借金2000万円を抱えた僕に
ドSの宇宙さんが教えてくれた
超うまくいく口ぐせ

【著】小池 浩　【イラスト】アベナオミ

質問疑問に徹底回答「教えて!コイケ!」も必見!
感想殺到!空前絶後の話題を呼んだ
願望実現の教科書が、
「マンガ」と「疑問解決編」でパワーアップ!

定価=本体1,400円+税

借金2000万円を抱えた僕に
ドSの宇宙さんが教えてくれた
お金の取扱説明書
お金を笑わせろ!

【著】小池 浩

2000万円を9年で完済に導いた
「金運UPの超秘策」を初公開!
お金が喜ぶ「取扱説明書」を楽しく伝授!

定価=本体1,400円+税

ドSの宇宙さんの
1分スパルタ開運帖

【著】小池 浩　【イラスト】アベナオミ

開け!　受け取れ!
おまえを激変させる「稲妻お告げ」だ!
話題騒然の宇宙一簡単な願望実現本が、
オールカラーイラストのメッセージブックに!

定価=本体1,400円+税